BIBLIOGRAPHIE FORESTIÈRE

FRANÇAISE,

OU

CATALOGUE CHRONOLOGIQUE

DES OUVRAGES FRANÇAIS OU TRADUITS EN FRANÇAIS

ET PUBLIÉS DEPUIS L'INVENTION DE L'IMPRIMERIE JUSQU'A CE JOUR,

SUR LA SYLVICULTURE, L'ARBORICULTURE FORESTIÈRE,

Et sur les matières qui s'y rattachent,

PHYTOGRAPHIE, CULTURE, EXPLOITATION, ÉCONOMIE, LÉGISLATION, JURISPRUDENCE, STATISTIQUE, HISTOIRE
ET ADMINISTRATION FORESTIÈRES, INDUSTRIES CONCERNANT LES BOIS ;

SUIVI D'UNE

TABLE DES AUTEURS MENTIONNÉS,

CONTENANT

L'INDICATION DE LEURS OUVRAGES.

PUBLIÉ PAR LES ANNALES FORESTIÈRES,

ET RÉDIGÉ PAR **D. A. JACQUEMART.**

Prix : 3 francs.

PARIS,

AU BUREAU DES ANNALES FORESTIÈRES,
RUE GARANCIÈRE, 10, PRÈS LA PLACE SAINT-SULPICE.

1852

DE L'IMPRIMERIE DE BEAU,
à Saint-Germain-en-Laye.

AVERTISSEMENT.

Nous croyons utile de faire précéder cette Bibliographie forestière de quelques lignes sur la marche que nous avons suivie dans sa rédaction, et sur les sources où nous avons puisé un certain nombre de renseignements bibliographiques ; car nous n'avons pas relevé nous-mêmes tous les titres des livres mentionnés, n'ayant pu, malgré nos démarches et nos efforts, nous procurer tous ces livres.

1° Aux indications de plus de quatre-vingts ouvrages forestiers, des plus importants, que nous ont fournies nos propres lectures, nous avons réuni celles que nous avons puisées dans les catalogues méthodiques de la Bibliothèque nationale, de celle du Muséum d'histoire naturelle de Paris, de celle de l'Assemblée nationale et de celle du Conservatoire des arts et métiers (1) ; dans les catalogues imprimés des bibliothèque de la Marine, et dans celui de la bibliothèque de feu Huzard ; dans la Bibliographie de la France, depuis son origine (1811) jusqu'à ce jour, et enfin dans plusieurs collections et recueils périodiques. Ces premières lectures et ces premières recherches nous ont fourni environ sept cents titres d'ouvrages dont près de trois cents n'ont encore été indiqués dans aucune bibliographie.

2° Après avoir fait, dans les bibliothèques publiques de Paris, toutes les recherches qu'il nous était possible d'y faire, nous avons contrôlé nos indications bibliographiques, soit en les confrontant avec les livres eux-mêmes, toutes les fois que nous avons pu nous les procurer, soit en procédant à ce contrôle, au moyen de plusieurs bibliographies; notamment, à l'aide des Bibliothèques françaises de Lacroix du Maine et de Du Verdier, de la Bibliothèque historique de la France du Père Lelong, du catalogue de la Bibliothèque du duc de la Vallière, de la Bibliographie

(1) Ce sont les seules bibliothèques publiques de Paris qui possèdent des catalogues par ordre de matières ; conséquemment les personnes qui ne trouveraient pas en librairie les livres indiqués dans cette Bibliographie, peuvent recourir à ces Bibliothèques, principalement pour les collections et les recueils périodiques.

instructive de Debure, du catalogue de la Bibliothèque des avocats au Parlement de Paris, de celui de la Bibliothèque de la Cour de cassation, de la France littéraire de M. Quérard (laquelle embrasse les années 1700 à 1827 inclusivement), et enfin, de la Littérature contemporaine du même bibliographe. Malheureusement, ce dernier ouvrage n'a pas été continué; son auteur n'en a publié que le premier volume et les 282 premières pages du tome second. Nous avons consulté, en outre, plusieurs bibliographies et catalogues allemands (1), anglais, américains, suisses et italien.

3° Quelques collections de mémoires académiques, et quelques recueils périodiques contenant de nombreux articles de phytographie et d'arboriculture forestière, de sylviculture et d'économie publique dans ses rapports avec la sylviculture; nous avons indiqué ces recueils aux époques de leur début.

4° Nous ferons encore cette observation que tous les anciens ouvrages et quelques ouvrages d'agriculture, traitant de sylviculture et d'économie forestière, nous avons dû indiquer plusieurs de ces ouvrages, notamment ceux qui en traitent *ex professo* et avec quelque extension.

5° Quant à l'ordre que nous avons adopté, le titre de cette Bibliographie l'indique, c'est l'ordre chronologique; ordre qui nous semble le plus rationnel, puisqu'il permet de suivre la marche et le développement de l'art forestier, et d'embrasser l'ensemble de ses progrès.

Puissions-nous n'être pas resté trop au-dessous de la tâche qui nous a été demandée et dans laquelle nous n'avions point de guide, car cette Bibliographie forestière est la première qui soit publiée en France! Qu'il nous soit permis d'ajouter que les études agricoles, les études de la législation et les recherches bibliographiques auxquelles nous avons consacré avec prédilection une partie de notre vie, nous rendaient propre à cette tâche, et nous donnaient les moyens de triompher des obstacles qu'elle présentait.

D.-A. Jacquemart.

(1) Entre autres bibliographies allemandes, c'est-à-dire publiées en Allemagne, nous citerons : *Thesaurus litteraturæ botanicæ omnium gentium, inde a rerum botanicarum initiis ad nostra usque tempora, quindecim millia opera recensens; curavit G. A. Pritzel*, 1847-1850. In-4°, *Lipsiæ, F. A. Brockaus*. — Ce trésor de la littérature botanique de toutes les nations, de M. G.-A. Pritzel (bien qu'il contienne, ainsi que le dit son titre, l'indication de quinze mille ouvrages), ne mentionnant que les ouvrages de botanique et de physiologie végétale, notre Bibliographie forestière se trouve donner les indications bibliographiques de plus de 400 ouvrages non indiqués dans ce volumineux trésor.

BIBLIOGRAPHIE FORESTIÈRE

FRANÇAISE.

1. — Le livre des Prouffits champestres et ruraulx compile par maistre PIERRE DE CRESCENCES et translate depuis en langage françois. 1486. In-fol. de 7 plus 219 feuillets, à Paris, chez Anth. Vérard.

Cette édition est la première édition française du livre des Prouffits champêtres de Crescent. La souscription porte :

« Ce présent livre intitulé des *Prouffits champestres et ruraulx* compilé par maistre Pierres de Crescences bourgois de Boulongne la Grasse a été achevé de imprimer en la noble ville et cité de Paris, l'an mil quatre cens quatre vingtz et six le dixième jour de juillet, par honorable homme Anthoine Verard, marchant libraire et bourgois de Paris, demeurant audit lieu sur le pont Nostre-Dame, à l'image Sainct-Jehan l'Evangéliste et tenant boutique au Palais du Roy notre sire devant la chapelle où l'on chante la messe de Messeigueurs les Présidens. »

La première édition latine de cet ouvrage intéressant, et qui peut être considéré comme la première encyclopédie agricole écrite à la renaissance des lettres, avait paru en 1478, sous ce titre : *Petri de Crescenciis boñon ruralium commodorum libri duodecim.* 1471, in-fol. Augustæ Viñdelicorum, Johan. Schuszler. — Une version italienne fut imprimée à Florence, en 1478, in-fol.

Les plus anciens biographes qui ont parlé de Pierre de Crescent (en italien *Pietro Crescenzio*), le disent né en 1230, à Boulogne-la-Grasse, dont il s'éloigna, durant les troubles qui désolaient sa patrie, pour s'instruire des divers procédés d'agriculture en usage dans les autres parties de l'Italie et rédiger, à l'aide des auteurs anciens et des nouvelles connaissances agricoles qu'il pourrait acquérir, une encyclopédie de l'agriculture. Un superbe manuscrit du xive siècle et qui a passé à la vente de la bibliothèque de Caignat, manuscrit qui est aujourd'hui à la bibliothèque nationale, porte que le *Rustican du labour des champs de Pierre de Crescens fut translaté* du latin en françois, en 1373, par ordre du roi Charles V. Le succès du *Livre des Prouffits champestres* fut si grand dès son apparition que cet ouvrage fut réimprimé plusieurs fois en français et dans plusieurs villes de France, sous divers titres, plus ou moins détaillés, mais toujours propres à faire juger de l'utilité de l'Encyclopédie agricole de Pierre de Crescent.

L'édition donnée par Anth. Vérard étant fort rare, nous indiquerons les plus remarquables des éditions qui l'ont suivie :

Titre rouge en gothique. « LE LIVRE DES PROUFFITS CHAMPESTRES ET RURAULX.

En cul de lampe, en gothique, et en noir; Compose par maistre Pierre des Crescens selon la doctrine des anciens ascavoir, de Aristote, Theophraste, Dioscorides, Cato, Columella, Palladius, Pline et aultres qui ont diligement traicte des labours et fruicts de la terre : traduit de langue tuscane en Françoys. Auquel est traicte de la cognoissance du bon air, de la bone terre, des bonnes eaues, du labour, des châps, vignes, jardins, arbres de toutes especes, et de la maniere de les enter, de la nature et vertu des herbes, de la maniere de nourrir toutes bestes, volailles et oyseaulx de proye. Pareillemet la maniere de prendre toutes bestes sauuages poissons et oyseaulx.

« Ledict liure a este nouuellement reueu et diligement corrige sur ung ancien exemplaire en langue tuscane.

(*En rouge*) : » On les vend a Lyon en la maison de Pierre de Saincte Lucie dict le Prince pres Nostre Dame de Confort. »

L'ouvrage de Crescent est terminé par un calendrier des travaux agricoles. Ce calendrier est orné de douze gravures symboliques sur bois, et réunies sur le même feuillet. Voici le titre de ce calendrier :

(*En noir*) : « Sensuyt le xii liure : lequel traicte par maniere de recapitulation ou epilogue des choses qui sont plus amplement dictes es liures precedentz. Et est ordoñe selon les xii moys de lan, affin que le seigneur ou pere de famille entēde quelle delectatiō ou prouffit il peut auoir et faire es châps en chascune saison, lequel liure contient douze chapitres. »

Nous donnons, comme spécimen de ce curieux calendrier, une copie du mois de décembre.

« Des choses à faire au moys de decembre. Chap. XII.

« En moys de decembre on pourra semer feues qui naiscent apres yver seulemēt. Et si y coupe len mesrie pour edifier prouffitablement : et pour faire autres œuures. Len y retaille les bois superflus des arbres et hayes vertes pour ardoir. Et si y peult on cueillir lyens et iōcs pour lier vignes : et lyens dosiers pour faire corbeilles cannes et aultres vaisseaulx et faire hayes seches. En ce moys-len pret bestes sauuages a diuers engins ; et especial aux chiens en tēps de nege. Et aussi prēt on oyseaulx par oyseaulx apriuoisez : et a diuerses manieres de retz et a la glux. Et pour finalle conclusion nous prierōs Dieu le souuerain seigneur q par sa grace nous soyōs a sa glux et a ses retz prins et mis en la nef Sainct Pierre par grace. Et aps portez à son tres hault throsne en paradis a l'aide de la benoiste vierge Marie sa tres doulce mere la royne tres glorieuse. Et de monseigneur sainct Denys. »

« Amen. »

« Cy fine ce present liure intitule des *Prouffits champestres et ruraulx*. Compile par maistre Pierre de Crecens bourgoys de Boulongne la Grasse. Et depuis a este translate de latin en frācoys a la requeste du roy Charles Ve de ce nom. Imprime nouuellement a Lyon par Claude Nourry, dict le Prince. Et fut acheué le xxvinᵉ iour de may lan de nostre Seigneur mil cinq cens et trente. »

Ce volume est petit in-fol. ; il a 8 plus de 171 feuillets, c'est-à-dire 258 pages.

Ainsi que nous l'avons dit dans la préface de cette bibliographie forestière, tous les premiers ouvrages d'agriculture traitent de sylviculture. Dans le livre des Prouffits champestres, il est donc *traicté* des bois et forêts ; la table des matières l'annonce en ces termes :

« En la seconde partie et quatrième chapitre (du septième livre) est traicte des boys et forestz qui vienent de leur propre nature.

» Le cinquiesme et dernier chapitre traicte des boys qui par art sont faicts et ordonnez. »

Quelques éditions du livre de Crescent sont intitulées : *Le bon Mesnaiger*.

2. — Les Observations de plusieurs singularités et choses mémorables

trouvées en Grèce, Asie, Judée, Égypte, Arabie et autres pays estranges, rédigées en trois livres, par PIERRE BELON, du Mans. 1553. Petit in-4°. fig. à Paris, chez Guill. Cavellat.

Les végétaux de ces pays sont plus particulièrement l'objet des observations de Pierre Belon qui était un des plus savants docteurs en médecine de la Faculté de Paris. — Les mêmes *Observations, reveues* de nouveau et augmentez de figures. — A Monseigneur le Cardinal de Tournon. — Le Catalogue contenant les plus notables choses de ce présent livre est en l'autre part de ce feuillet. 1554, in-4°, à Paris, chez Guillaume Cauellat, à l'enseigne de la *Poulle grasse*. — « Catalogue contenant les plus notables choses de ce présent livre : — Les appelations antiques des arbres et autres plantes, des serpents, des poissons, des oiseaux et autres bêtes terrestres, conférées avec les noms françois modernes : et plusieurs vrais portraicts d'iceux retirez du naturel non encore veus par cy-devant... » — Les mêmes *Observations reveues*, 1555, petit in-8°, à Anvers, chez Jean Steelsius. Cette édition contient des figures qui ne se trouvent point dans la première. — Belon a encore publié, en 1553 : *De arboribus coniferis, resiniferis, aliis quoque non-nullis sempiterná fronde virentibus cum earum iconibus ad vivum expressis*, etc. 1553. in-4°, fig. *Parisiis.*

3. — Les remontrances sur le defaut du labour et culture des plantes

et de la connoissance d'icelles, contenant la manière d'affranchir et apprivoiser les arbres sauvages, par PIERRE BELON, du Mans. 1558. In-8°, à Paris, chez Guill. Cavellat.

4. — Deux traités d'agriculture,

par GORGOLE DE CORNE, florentin ; le premier de la manière de planter, arracher, labourer, semer et émonder les arbres sauvages, bois hault et bois taillis ; et le second, de la manière d'enter, planter et nourrir arbres et jardins. 1560. In-8°, à Paris, chez Charles Langelier.

5. — Recepte véritable

par laquelle tous les hommes de la France peuvent apprendre à multiplier et augmenter leurs thrésors, par BERNARD PALISSY, inventeur des rustiques figulines du roi. 1563. In-8°, à la Rochelle.

Cet ouvrage du créateur de l'art céramique en France a été réimprimé dans la collection de ses œuvres complètes. Il est divisé en quatre livres. Le premier traite de l'agriculture ; le second, de l'histoire naturelle ; le troisième donne le plan d'un *jardin délectable*, et le quatrième esquisse le plan d'une ville fortifiée.

Dans son *jardin délectable*, Bernard Palissy, en prévision d'une disette de bois à ouvrer, signale les dangers du déboisement. « Quand ie considère, dit-il (sous le nom de *Practique*) la valeur des plus moindres gittes des arbres ou espines, ie suis tout esmerveillé de la grande ignorance des hommes, lesquels il semble qu'aujourd'huy il ne s'estudient qu'à rompre, couper et deschirer les belles forests que leurs prédécesseurs avoyent si précieusement gardées. Je ne trouverois pas mauvais qu'ils coupassent les forests, pourvu qu'ils en plantassent après quelque partie : mais ils ne se soucient aucunement du temps à venir, ne considérant point le grand dommage qu'ils font à leurs enfants à l'advenir.

» Je ne puis assez détester une telle chose, et ne la puis appeler faute, mais une malédiction et un malheur à toute la France, par ce qu'après que tous les bois seront coupez, il faut que tous les arts cessent, et que les artisans s'en aillent paistre l'herbe, comme fit Nabuchodonosor. Je voulus quelquefois mettre par estat les arts qui cesseroyent, lorsqu'il n'y auroit plus de bois : mais quand i'en eu escrit un grand nombre, ie ne sçu iamais trouver fin à mon escrit, et ayant tout considéré, ie trouvay qu'il n'y avoit pas un seul qui se peust exercer sans bois, et quand il n'y auroit plus de bois, qu'il faudroit que toutes les navigations et pescheries cessassent, et que mesme les oiseaux et plusieurs espèces de bestes, lesquelles se nourrissent de fruicts, s'en allassent en un autre royaume, et que les bœufs, ny les vaches, ny autres bestes bovines ne serviroyent de rien au pays où il n'y auroit point de bois. »

6. — L'agriculture et Maison rustique de CHARLES ESTIENNE, docteur en médecine, en laquelle est contenu tout ce qui peut estre requis pour bastir maison champestre, nourrir et médiciner bestiail et volaille de toutes sortes. 1565. In-8°, à Paris, chez Jacques Dupuis.

Dans cet ouvrage, Charles Estienne a reproduit en français, son livre : *Sylva, frutetum, collis*, etc., publié en 1538. Le même Dupuis a donné en 1570, en un vol in-4°, une nouvelle édition de l'ouvrage de Charles Estienne ; *parachevé premièrement*, puis augmenté par *Jean Liébault* qui était aussi docteur en médecine, et gendre de Charles Estienne.

Cette *Maison rustique* n'est guère qu'une compilation faite des auteurs grecs et latins, néanmoins, elle a eu un grand nombre d'éditions à Lyon, Rouen, Lunéville, etc. Inutile de les indiquer.

7. — Secrets de la vraie agriculture et plaisirs qu'on reçoit en la ménagerie des champs, traduit de l'italien de AUGUSTIN GALLO par FRANÇOIS DE BELLEFOREST. 1571. In-4°, à Paris, chez Chesneau.

L'édition italienne des Secrets d'Agostino Gallo parut à Brescia en 1564.

8. — Les Édicts et Ordonnances des rois de France, depuis l'an 1226 jusqu'à présent, disposés par ordre de matières, avec les annotations de PIERRE DE REBUFFI. 1573. In-fol. à Paris.

Dans ce recueil, les édits et réglements forestiers forment une classe à part. Ce n'est pas la première fois néanmoins que se trouvaient classés et réunis ces édits et réglements ; *Claude Malleville* en avait publié, en 1561, le recueil accompagné d'un commentaire, sous ce titre : *In regias aquarum et sylvarum constitutiones commentarius auctore A. Cl. Mallevillaeo.* 1561, in-12. *Parisiis.*

9. — Recueil des Ordonnances générales faites par les rois de France **sur le faict des eaux et forests**, avec aucuns arrests, jugements et réglements conformes à icelles ; observés en la plupart des forests de ce royaume, même au duché d'Orléans, par M. GUILLAUME MARTIN. 1582. In-8°, à Orléans.

10. — Extrait des Règles et Démonstrations de Géométrie les plus faciles et nécessaires pour bien faire les mesurages et figures de forêts, même les récolements de ventes. 1582. In-8°, à Orléans.

11. — Recueil d'Ordonnances sur les eaux et forêts, illustrées d'apostilles et annotations pour servir d'intelli-gence aux mots les plus obscurs. 1588. In-8°, à Paris, chez Jean Houzé.

12. — Ordonnances du duc Frédéric de Wirtemberg, touchant les bois et forêts en ses comtés de Montbéliard et souverainés seigneuries y jointes. 1595.

Imprimées dans le *Tract. de regali jure Grutiae* de *Ah. Fristch.* 1668, in-4°, *Cygneae.*

13. — Théâtre d'agriculture et mesnages des champs, d'OLIVIER DE SERRES, sieur de Pradel. 1600, in-folio, à Paris.

Le septième lieu (ou livre) traite de l'*Eau et du bois.* Et ce n'est pas le lieu le moins intéressant, car il renferme sur l'économie forestière des observations très-judicieuses, et fait bien connaitre les divers modes d'administration et d'exploitation des forêts à cette époque.

Le *Théâtre d'agriculture* d'Olivier de Serres a eu bon nombre d'éditions, mais la meilleure, aujourd'hui, est celle « conforme au texte, augmentée de notes et d'un vocabulaire, publiée par la société d'agriculture du département de la Seine. 1804, 2 vol. in-4°, à Paris, chez Mme Huzard.

14. — La Maison champestre et agricvlture d'Élie VINET, xaintongeois : et Antoine MISAVLD DE MOLLVSSON. Divisée en cinq parties. La première est l'arpenterie et vraye manière d'arpenter et iustement mesurer tous héritages, terres labourables, prez, patis, estangs, bois de haute fustaye et taillis ; pour facilement cognoistre la hauteur du soleil et des estoilles, des montagnes, hautes tours, chasteaux et maisons : et la horologiographie, ou manière de faire quadrans et solaires ; — Plus amplement monstré la façon d'embellir les jardins, les entretenir de toutes sortes de fleurs et plantes, et les préserver de toute vermine : pour bien faire pépinières, enter les arbres en diverses façons, et dresser vergers, les planter, semer, cultiver et cognoistre leurs vertus et secrets. — Avec le Jardin médicinal et la façon d'user de la vertu des herbes, et pour plantes s'en servir et promptement remédier aux maladies qui suruiennent aux hommes et femmes esloignés des médecins et apoticaires, avec la méthode artificiele de faire toutes sortes de vins pour les savoir contre garder et bien vser d'iceux. — Oevvre tres necessaire a tovtes personnes qui résident aux champs. 1607, in-fol., à Paris, chez Robert Fouet.

La partie géométrique du livre de *Vinet* et ses dessins de jardins sont fort remarquables, et la lecture de cet ouvrage, même aujourd'hui, ne manque pas d'intérêt. Quant au Jardin médicinal de *Misauld*, c'est un recueil de rèveries, de croyances ridicules. Il avait déjà été publié en français, par Caille, en 1560.

15 — Instruction sur le faict des eaues et forests contenant en abrégé les moyens de les gouverner et administrer selon et suivant les ordonnances des rois, tant anciennes que nouvelles, arrêts et réglemens sur ce donnés et autres observations, par JACQUES DE CHAUFFOURT. 1609, in-8°, à Paris. — Autres éditions : 1618 ; — 1642, in-8°.

Ce livre est très-utile, surtout pour l'étude de l'ancienne jurisprudence de Normandie.

16. — Les Édicts et Ordonnances des roys de France, coustumes des provinces, réglemens, arrests et jugemens notables, des eaues et forests, recueillis avec observations de plusieurs choses dignes de remarque, par le sieur SAINCT-YON, maitre de requêtes. 1610, in-fol., à Paris, la veuve Langelier.

17. — Édicts et Ordonnances des eaues et forests, revües et augmentées tant d'aucunes ordonnances anciennes oubliées en la précédente édition, que de nouvelles, mesmes des ordonnances du roy Henry le Grand, sur le faict des chasses et port d'arquebuses. Plus un recueil d'arrests et réglemens concernant la juridiction des eaues et forests, les officiers, vsagers et mesnagements d'icelles. 1614, in-4°, à Paris, chez veuve Langelier.

Cette édition est attribuée à *Durant*. C'est une réimpression augmentée et corrigée du recueil d'édicts et ordonnances publié par Sainct-Yon.

18. — Réglemens pour les eaux et forêts. 1615, in-8°, à Paris.

19. — Instruction sur les eaux et forêts. 1618, in-12, à Rouen.

20. — Des droits de tiers et danger, grurie et grairie, par M. CHRISTOPHE BÉRAULT, avocat au parlement de Rouen. 1625, in-8°, à Rouen, chez David du Petitval.

21. — Discours sur la conservation des forêts, l'usage des terres à foulon, le métier de tanneur, etc. 1626, in-12, à Paris.

22. — Parallèles de bois et forêts, avec terres à brûler : Verbal de l'invention du vrai charbon de terre par toute la France, et épreuve d'icelui faite par experts et gens de forges ; épreuves et avis sur icelles donnés au Roi pour l'usage des terres à brûler ; et nouvelle invention du charbon à forge. 1627, in-8°, à Paris.

23. — Édits et Ordonnances des eaux et forêts, avec annotations sommaires pour l'interprétation des lieux obs-curs et résolutions des plus importantes difficultés, par M. CLAUDE ROUSSEAU, sieur de Bazoche. 1633, in-12, à Paris, chez Richer. — Autre édition augmentée. 1649, in-4°, à Paris, chez Loyson.

24. — Plaidoyer pour le Roi sur la question : Si le droit de tiers et danger dû à S. M. sur les bois de la province de Normandie, est général ou particulier, et s'il n'est pas également et généralement dû par les très-fonciers, soit qu'ils usent leurs bois sujets à ce droit, soit qu'ils les vendent. 1638, in-4°, à Paris.

Traité approfondi et très-intéressant du droit de tiers et danger, droit dont la suppression, dans la province de Normandie, mit fin au procès qui donna lieu au plaidoyer ci-dessus.

25. — La vénérie royale par ROGER SALNOVE. 1655, in-4°. — La même 2e édition avec le dénombrement des forêts et grands buissons de France où se doivent placer les logements, quêtes et relais, etc. 1665, in-4°, à Paris, chez Ant. Sommaville.

26. — La réformation générale des forests et bois de Sa Majesté en la province de Poictou, par messieurs COLBERT et BARANTIN, conseillers, maistres ordinaires de son hotel, commissaires départis pour l'exécution de ses ordres dans la généralité de Poictiers et pour la dite réformation. 1667, in-fol., de l'impr. de Fleuriau, à Poictiers.

A la suite de ce mémoire se trouve un *Estat des forests et boys du Roy*, dans la province du Poictou.

27. — Instruction pour les ventes des bois du roi. 1660, in-8°, à Toulouse. — Autres éditions : 1695, in-8°. — Instruction pour les ventes des bois du roi, par DE FROIDOUR, avec notes tirées des meilleurs auteurs sur la matière des eaux et forêts et des ordonnances de 1667, 1669, 1670, par BERRIER. 1759, in-4° avec 4 pl., à Paris.

Les premières éditions sont anonymes.

28. — Instruction pour la réformation et conservation des eaux et forêts, conformément à la nouvelle ordonnance de Louis XIV, du mois d'août 1669. 1670, in-12, à Paris.

Cette *Instruction* est de *de Froidour*. Plusieurs autres *Instructions* à l'usage des agents forestiers ont été imprimées postérieurement à celle ci-dessus. Il est présumable que ce ne sont que des réimpressions conformes ou abrégées de l'ouvrage de *de Froidour*, à qui, du reste, elles sont attribuées. — *De Froidour* était au nombre des vingt-et-un commissaires chargés de préparer l'édit du mois d'août 1669, et dont les travaux préliminaires les occupèrent huit années consécutives.

29. — **Traité** des bois servant à tous usages, contenant les ordonnances du roi touchant les réglements des bois, leurs propriétés et différences, ce que les propriétaires doivent observer pour mettre leurs bois en valeur, etc., etc., par M. CLAUDE CARON. 1676, 2 vol. in-8°, à Paris.— Autre édit. 1717, in-8°.

30.—**Réglement** fait par M. DE FROIDOUR, concernant les forêts du pays de Bigorre. 1685, in-8°, à Toulouse.

31. — **Recueil et abregé** de plusieurs édits et ordonnances concernant les droits, fonctions, priviléges des officiers des eaux et forêts de Bretagne. 1691, in-4°, à Rennes, chez Audran.

32 — **Etat des forêts** du Roi. 1693, in-12, à Paris.

33. — **Réglement** fait par MM. les commissaires députés par le Roi pour la réformation des eaux et forêts des Duchés de Loraine et de Bar, et des Prévôtés réunies aux trois évéchés, y joint quelques ordonnances de Ducs de Loraine Henry et Charles, au sujet des délits qui se commettent dans les bois, et des peines qui doivent être prononcées contre les délinquants. 1695, in-12, à Metz.

Plus prévoyant que l'édit du mois d'août 1669, le réglement de Lorraine prescrit dans les coupes une réserve de 80 baliveaux par arpent de bois taillis, au lieu de 16.

34. — **Traité universel** des eaux et forêts de France, pêches et chasses, contenant les moyens de les gouverner et administrer, par M. NIC. DUVAL DE LA LISANDIÈRE. 1699, in-4°, avec 36 pl., à Paris, chez Michalier.

35. — **Économie générale de la campagne**, ou nouvelle maison rustique, par LOUIS LIGER. 1700, 2 vol. in-4°, à Paris, chez de Sercy.

Un livre de cette nouvelle maison rustique est consacré aux *Eaux et Forêts*. Refondue et publiée en 1712, 2 vol. in-8, sous le titre de *Nouveau théâtre d'agriculture et ménage des champs*, cette médiocre compilation a eu de nombreuses éditions que nous nous dispenserons d'énumérer.

36.—**Recueil des édits**, ordonnances, arrêts et réglements concernant les eaux et forêts, rendus depuis 1518 jusqu'en 1702. 1702, 4 vol. in-4°, à Paris.

37.—**L'agriculture parfaite**, ou nouvelle découverte touchant la culture et la multiplication des arbres, des arbustes et des fleurs, par G. A. AGRICOLA, médecin à Ratisbonne, traduit de l'allemand, avec des remarques. Ouvrage qui renferme les plus beaux secrets de la nature pour aider la végétation de toutes sortes d'arbres et de plantes et pour rendre fertile le terroir le plus ingrat. 1720, in-8 avec 34 fig., à Amsterdam.

38 —**Réflexions** sur l'état des bois du royaume et sur les précautions qu'on pourrait prendre pour en empêcher le dépérissement et les mettre en valeur, par M. de RÉAUMUR.

Imprimé dans les Mémoires de l'Académie royale des sciences, année 1721. — Cet article a produit à cette époque une très-vive sensation. Il contient en quelque sorte, mais implicitement, une protestation contre le système d'exploitation de de Froidour. De sa publication date une ère nouvelle de l'art sylvicole que les Allemands ont eu le bon esprit de nous emprunter, et dont ils se croient les inventeurs.

39.— **Conférences** de l'ordonnance de Louis XIV, du mois d'août, sur le fait des eaux et forêts, avec celles des rois prédécesseurs de Sa Majesté; les édits, déclarations, coutumes, arrêts, réglements et aucuns jugements tant anciens et modernes rendus avant et en interprétation de la dite ordonnance, depuis l'an 1115 jusqu'à présent, contenant les lois forestières de France enrichies d'explications, d'annotations, décisions importantes, par M. GALON. 1725, 2 vol. in-4, à Paris, chez Cavalier. — Autre édition, augmentée de notes par deux officiers de la Table de marbre de Dijon (les sieurs SIMON et SÉGAUD). 1752, 2 vol. in-4°.

Les annotations des deux officiers furent blâmées, désavouées par l'administration supérieure forestière de cette époque, suivant ce que dit Pecquet dans ses *Lois forestières*.

40. — **Mémorial alphabétique** des matières des eaux et forêts, pesches et chasses, contenues en l'ordonnance de 1669, avec les édits, ordonnances, déclarations, arrests et réglemens rendus jusqu'à présent sur ces matières. 1729, in-12, à Paris. — Autre édition, 1737, in-4°.

Ce petit livre a pour auteur *Michel Noël*, greffier en chef des eaux et forêts, au siège de la Table de marbre de Paris.

41. — **Réglement**, ordonnance, arrests du Conseil d'État et lettres patentes relatives aux eaux et fôrests du Dauphiné. 1732, 1 volume in-12, à Grenoble, chez Faure.

42. — **État des forests de Chantilly**, Hallatte et Ermenonville, plaines et buissons qui en dépendent pour la chasse, avec les croix... et l'arpentage du tout fait en 1733. 1733, in-8° de 88 pages avec plans, à Paris, chez Simon.

43.—**Catalogue des arbres** et arbrisseaux qui se peuvent élever aux environs de Paris, par M. BERNARD DE JUSSIEU. 1735, in-12, à Paris.

44.—**État de la forest** de Cuise dite de Compiègne avec les carrefours qui sont dans la dite forest, faits pour donner le rendez-vous de chasse ; divisez par gardes et triages ; avec les noms des routes qui tombent dans les dits carrefours, et celles qu'il faut suivre pour aller auxdits carrefours, en partant de la plaine de Compiégne, soit à cheval, soit en calèche, le tout marqué par la carte ci-jointe. 1736, in-8o, avec la carte topographique de la dite forest, à Paris, de l'imprimerie de J. Colombat.

L'exemplaire que nous avons sous les yeux est signé à la main : *Jamet.*

45.—**Mémoire** concernant le droit de tiers et danger sur les bois de la province de Normandie, par M. LOUIS GRÉARD, écuyer, ancien avocat au parlement de Normandie, avec preuves, notes et observations par L. FROLAND. 1737, in-4o, à Rouen, chez Abr. Viret.

46. — **Traité de l'arpentage** des forêts et autres terreins soit accessibles ou inaccessibles, ou par l'ouverture des angles, et de tout ce qui peut être convenable aux arpenteurs, avec des tables pour le toisé des bois marins et à bâtir, le toisé des bois ronds, etc., par M. AUGUSTIN POULAIN, arpenteur des forêts du Roi. 1737, in-12, à Rouen, chez Cabut.

47. — **Abrégé méthodique** de la jurisprudence des eaux et forêts, contenant par ordre alphabétique les décisions et la taxe des peines, amendes, restitutions, dommages, intérêts et confiscations réglées par l'ordonnance de 1669 et autres edits, ordonnances, réglements, tant sur ce qui concerne la police et conservation des bois, forêts et rivières que pour la chasse et la pêche. 1738, in-12, à Paris, la Compagnie.

48.—**Réformation générale** des maîtrises des eaux et forêts de Rouen et Caudebec. 1739, in-4o, à Rouen, chez Besongne.

49. — **Mémoire** sur la conservation et le rétablissement des forêts, par M. DE BUFFON.

Imprimé dans les Mémoires de l'Académie royale des sciences, année 1739, et dans les œuvres complètes de l'auteur.

50.— **Recueil des déclarations** et arrêts du conseil du roi de Pologne, duc de Lorraine et de Bar, concernant l'administration des bois des Etats de Lorraine et de Barois 1740, in-4o, à Nancy, chez Claude Chailot.

51. — **Mémoire** sur la culture des forêts par M. DE BUFFON.

Imprimé dans les mémoires de l'Académie des sciences, année 1742, et dans les œuvres complètes de l'auteur.

52.—**Pratique universelle** sur la rénovation des terriers et des droits seigneuriaux par M. LA POIX DE FRÉMINVILLE, bailli de la ville et du marquisat de la Palisse. 1748, in-4o. — Autre édition considérablement augmentée, 1752 à 1759, 5 vol. in-4o.

Dans cette édition, le troisième volume traite spécialement des eaux et forêts. C'est pour l'histoire des droits seigneuriaux un livre fort utile à consulter.

53. — **Code rural**, ou Maximes et réglements concernant les biens de campagne ; notamment les fiefs, droits seigneuriaux, etc., par M***. 1749, 2 vol. in-12, à Paris. — Autres éditions, avec le nom de l'auteur : BOUCHER D'ARGIS. 1772, 2 vol. in-12, à Paris, chez Prault. — 1774, 3 vol. in-12.

54. — **Nouvelle instruction** pour les gardes généraux et particuliers des eaux et forêts, ensemble les édits, etc., concernant leurs priviléges. 1750, in-12, à Paris, chez Leclerc.

Cette nouvelle instruction est de *Charpentier.*

55. — **Traité de la culture** et de la plantation des arbres à ouvrer, avec la manière d'exploiter, de débiter et d'échantillonner les bois suivant les différents usages auxquels ils sont propres pour les besoins de la vie, par M. ROUX. 1750, in-12, à Paris, chez Ch. Ant. Jombert.

56. — **Avis pour le transport**, par mer, des arbres, des plantes vivaces, des semences, etc. 1752, in-12.

Cet avis est de *Duhamel du Monceau* et de *Rol. Mich. Barin*, marquis de la Galissonnière.

57. — **Lois forestières de France**, ou commentaire historique et raisonné sur l'ordonnance de 1669, les réglements antérieurs, et ceux qui l'ont suivie, auquel on a joint une bibliothèque des auteurs qui ont écrit sur les matières des eaux et forêts, et une notice des coutumes relatives à ces mêmes matières, par M. PECQUET, grand-maître des forêts de France, au département de Normandie. 1753, 2 vol. in-4o, à Paris, chez Prault père.

La bibliothèque des auteurs qui ont écrit sur les matières des eaux et forêts, est de *Jamet*, libraire ; elle est fort incomplète et peu exacte. En 1782, *Poncelin de la Roche-Tilhac* a publié un supplément aux *Lois forestières* de France (de Pecquet). Voyez pour cet ouvrage no 106.—Supplément.

58. — **Observation sur la culture** des arbres à haute tige, particulièrement des pommiers et sur la manière de convertir les plus mauvaises terres en bois, par M. THIERRAT, garde-marteau de la maîtrise des eaux et forêts de Chaulnes. 1753, in-12, à Noyon.

59. — **Traité des arbres et arbustes** qui se cultivent en France en pleine terre, par M. DUHAMEL DU MONCEAU, inspecteur général de la marine, et membre de l'Académie des sciences. 1755, 2 vol. in-4º, fig., à Paris, chez Desaint.

Des *additions* à ce traité se trouvent à la fin du *Traité des semis et plantations* du même auteur. Voyez no 63.

Dans la préface de ce traité des arbres et arbustes Duhamel du Monceau dit qu'il se propose de faire *des traités particuliers qui, réunis, formeront un corps complet d'ouvrages sur les forêts.* — « Si je me suis déterminé, dit-il dans son traité des semis, à faire paraître d'abord ce traité des arbres et arbustes, mon dessein a été de commencer par exciter la curiosité des amateurs. On s'intéresse rarement à ce qu'on ne connaît qu'imparfaitement.. Il était donc avantageux de leur faire connaître 200 genres d'arbres, et plus de 1500 espèces qu'on peut élever en pleine terre. »

Ce corps *complet* d'ouvrages sur les forêts se compose de :

1º La physique des arbres. Voyez n. 62.
2º Traité des arbres et arbustes.
3º Des semis et plantations des arbres, voyez nº 63.
4º De l'exploitation des bois. Voyez nº 74.
Et 5º Enfin du transport, de la conservation et de la force des bois. Voyez nº 81.

Le Traité des arbres a été complètement refait et publié sous ce titre :

Traité des arbres et arbustes que l'on cultive en pleine terre en Europe et particulièrement en France, par *Duhamel du Monceau*, rédigé par MM. *Vieillard*, *Jaume Saint-Hilaire*, *Mirbel*, *Poiret*, et continué par *Loiseleur-Deslongchamps*; ouvrage enrichi de 500 planches gravées par les plus habiles artistes, d'après les dessins de Redouté et Bessa, peintres du Muséum d'histoire naturelle. 1800 à 1819, 7 vol. in-fol. fig., à Paris, chez Est. Michel.

Il a été tiré de cet ouvrage des exemplaires sur trois papiers et dont le prix était pour : Les exemplaires sur papier jésus vélin, figures coloriées, de 3,300 fr.

Les exemplaires sur papier carré vélin, figures coloriées, 2,100 fr.

Les exemplaires sur papier carré fin, figures noires, 775 fr.

Cette publication n'a pas eu grand succès ; elle est peu estimée, sans doute parce que son utilité est contestable, alors qu'elle ne s'adresse pas aux praticiens.

60. — **Propriétés du bois de fresne**, par M. J. TERRIER DE CLÉRON, président de la chambre des comptes de Dôle. 1756, in-8º, à Besançon.

61. — **Traité de l'administration** des bois de l'ordre de Malte dépendants de ces grands prieurés, baillages et commanderies dans le royaume de France. 1757, in-4º, à Paris, chez Lebreton.

Le nom de l'auteur est : *Givaudan.*

62. — **La physique des arbres**, où il est traité de l'anatomie des plantes et de l'économie végétale, pour servir d'introduction au traité complet des bois et forêts, avec une dissertation sur l'utilité des méthodes de botanique et une explication des termes propres à cette science, et qui sont en usage pour l'exploitation des bois et forêts. Ouvrage enrichi de figures en taille-douce, par M. DUHAMEL DU MONCEAU. 1758, 2 vol. in-4º, fig. à Paris, chez H.-L. Guérin et L.-F. Delatour.

—2me édition, 1788, 2 vol. in-4º, chez veuve Desaint.

63. — **Des semis et plantations** des arbres et leur culture, ou méthode pour multiplier et élever les arbres, les planter en massifs ou en avenues, former les forêts et les bois; les entretenir, etc., rétablir ceux qui sont dégradés : faisant partie du traité complet des bois et forêts, par M. DUHAMEL DU MONCEAU. Ouvrage enrichi de figures en taille-douce, 1760, in-4º, fig. à Paris, chez H.-L. Guérin et L.-F. Delatour.

64.—**Dissertation** en latin et en français sur la question : Quelle est la meilleure manière de semer, planter, proviguer, etc., les bois de chêne, par Chr. God. JACOBI. 1760, in-4º, à Bordeaux, chez P. R. BRUN.

65. — **Projet général** pour améliorer les landes du royaume. 1760, in-12, à Paris.

Ce petit écrit est extrait du Journal économique ; l'auteur conseille les plantations.

66.—**Mémoire** sur les défrichements. 1760, in-12, à Paris, chez veuve d'Houry.

—Le même, 2me édition, 1761, in-12, à Paris, chez veuve d'Houry.

Cette deuxième édition porte le nom de l'auteur *Louis-François-Henri de Menon*, marquis de *Turbilly.* — La première partie de ce mémoire contient la *pratique des défrichements ;* la deuxième, l'historique des travaux de défrichements exécutés par l'auteur dans sa terre de Turbilly (dans l'Anjou).

67.—Pratique des défrichements. 2e édition, revue et corrigée. 1760, in-12, à Paris, chez veuve d'Houry.

C'est, ainsi que nous l'avons dit, la première partie du *Mémoire sur les défrichements*.— Une quatrième édition a paru en 1811, in-8°.

68. — Traité anatomique de la chenille qui ronge le bois de saule, par M. PIERRE LYONET. 1760, in-4°, avec 18 pl. à La Haye. — Le même traité, augmenté d'une explication abrégée des planches, et d'une description de l'instrument et des outils dont l'auteur s'est servi pour anatomiser à la loupe et au microscope, et pour déterminer la force de ses verres, suivant les règles de l'optique et méchaniquement. 1762, in-4° avec 18 planches, à La Haye, chez Gosse.

Les gravures sont d'un fini admirable; l'auteur avait appris la gravure pour exécuter lui-même son ouvrage. — Un abrégé de ce traité a été publié en 1849, sous ce titre : *Dieu, la chenille du saule et le ver à soie, considérés comme deux merveilles de la création*, ou Abrégé du traité anatomique de la chenille, de *Lyonet*. 1849, in-12, avec atlas, de l'imprimerie de Lamort, à Metz ; à Paris, chez les principaux libraires.

En tête du livre se trouve une notice sur Lyonet; elle est signée : *A.-P. S*....

69.— Le gentilhomme cultivateur, ou Corps d'agriculture, traduit de l'anglais de HALL et de tous les auteurs qui ont le mieux écrit sur cet art ; par M. DUPUY D'EMPORTES, membre de l'Académie de Florence. 1761-1774. 8 vol. in-4°, ou 16 vol. in-12, fig., à Paris, chez Simon.

Ce livre n'a d'autre mérite aujourd'hui que de faire connaître les pratiques agricoles et forestières de l'Angleterre, à cette époque.

70. — L'art du charbonnier, ou Manière de faire du charbon de bois, par M. DUHAMEL DU MONCEAU. 1761, in-fol. avec une pl. à Paris.

Ce volume fait partie des *Descriptions des arts et métiers* faites ou approuvées par messieurs de l'Académie royale des sciences. — On le complète par :

Additions et corrections relatives à l'art du charbonnier, par *Duhamel du Monceau*, et par *Dangenoust, Jars et Gabriel Jars*. 1771, in-fol., à Paris. — Le même : nouvelle édition *contenant des observations et augmentations* de tout ce qui a été écrit de mieux sur ces matières, en Allemagne, en Angleterre, en Suisse, en Italie, par *J.-E. Bertrand*, 1812, in-8°, avec 2 pl., à Paris, chez Morenval.

71.—L'art de cultiver les peupliers d'Italie, avec les observations sur les différentes espèces et variétés de peupliers ; sur le choix et la disposition des pépinières ; sur leur culture et sur celle des arbres plantés à demeure, par M. PELÉE DE SAINT-MAURICE. 1762, in-8° de 40 pages, à Paris, chez Mme d'Houry.

72.— Mémoire adressé à M. Vallet de Salignac concernant le défrichement et l'amélioration des laudes du royaume, par M. Goyon. 1762, in-12.

Extrait du journal économique.

73. — Nouveau traité sur l'arbre nommé acacia. 1762, in-8°, à Bordeaux, chez Labotière.

Cette édition est anonyme, mais la 2e porte le nom de l'auteur; en voici le titre : Nouveau traité sur l'arbre nommé acacia. Seconde édition augmentée de plusieurs découvertes très-utiles, par *Balan*. 1766, in-12 de 22 pag., à Bordeaux, chez Lacornée.

74.—De l'exploitation des bois, ou Moyens de tirer un parti avantageux des taillis, demi-futaies et hautes futaies, et d'en faire une juste estimation, avec la description des arts qui se pratiquent dans les forêts, faisant partie du traité complet des bois et forêts, par M. DUHAMEL DU MONCEAU. Ouvrage enrichi de figures en taille-douce. 1764, 2 vol. in-4°, avec pl., à Paris, chez Delatour.

Ce traité *De l'Exploitation des bois*, et le traité des *semis et plantations* sont les ouvrages capitaux de Duhamel du Monceau. Aussi, les écrivains forestiers allemands leur ont-ils fait de nombreux emprunts, en ont-ils copié des passages considérables qu'ils ont modifiés suivant les exigences de la sylviculture allemande.

75.—Du plantage des terres incultes, des biens propres, des communautés, et quelques idées sur les terres incultes du domaine du Roi , par M. DE F. D. M. 1764, in-8.

76.— L'Arpenteur forestier, ou Méthode nouvelle de mesurer, calculer et construire toutes sortes de figures suivant les principes géométriques et trigonométriques, avec un traité d'arpentage appliqué à la réformation des forêts , très-utile tant aux arpenteurs et géographes, qu'aux marchands et propriétaires de bois , par M. GUIOT. 1764, in-8, avec 3 pl., à Paris, chez Guillin. — Autre édition. 1770, in-8, chez le même.

En 1772, a paru une réfutation de cet ouvrage. Elle est intitulée :

Abus de l'arpentage, par CUTELLATION, ou *Réfutation de l'Arpenteur forestier*. 1772, in-8°, de 88 pages, à Paris.

77. — Traité général de la mesure des bois, par M. SECONDAT, sous-commissaire de marine. 1765, in-8, à Rochefort.

Ce traité est suivi du *tarif* des proportions que doivent avoir les bois de construction , arrêté à Brest, le 1er décembre 1718. Il a été réimprimé à Rochefort, en 1829, et en 2 vol. in-8.

78.—**Commentaire** sur l'ordonnance des eaux et forêts du mois d'août 1669. 1766, in-12. Autres édits 1770-1772-1775-1777-1782.

L'auteur de ce Commentaire, qui a obtenu un grand succès dès sa publication, est *Daniel Jousse*, conseiller au bailliage, siége présidial et châtelet d'Orléans.

79. — **Description de la forêt de Compiègne**, comme elle était en 1765, avec le Guide de la forêt, par LOUIS-AUGUSTE, DAUPHIN (1). 1766, in-8 de 58 et IV pages, de l'imp. de Lottin aîné, imprim. de Mgr. le Dauphin.

80. — **Dictionnaire portatif** des eaux et forêts, par M. JEAN MASSÉ, avocat au parlement. 1766, in-8, à Paris, chez Vincent.

Voyez, pour un traité méthodique de législation et de culture forestières, du même auteur, *Traité des bois*, 1769, n. 87.

81. — **Du transport**, de la conservation et de la force des bois, ou l'on trouvera les moyens d'attendrir les bois, de leur donner diverses courbures, surtout pour la construction des vaisseaux, et de former des pièces d'assemblage pour suppléer au défaut de pièces simples, faisant la conclusion du traité complet des bois et forêts; ouvrage enrichi de figures en taille-douce, par M. DUHAMEL DU MONCEAU. 1767, in-4°, fig., à Paris, chez L.-F. Delatour.

82.—**Observations** sur l'art du charbonnier. 1767, in-8, à Paris.

Ces observations ont pour auteur *Et. J. Bouchu*, maître de forges.

83.- **Traité des arbres résineux** conifères, extrait et traduit de l'anglais de PH. MILLER, avec des notes, observations et expériences par le baron TSCHUDY. 1768, in-8, à Metz.

84. — **Observation** et expériences sur diverses parties de l'agriculture. par M. FORMANOIR DE PALTEAU. 1768, in-8, à Sens.

Ce volume renferme quatre Mémoires dont le dernier traite de la plantation des bois.

85.—**Mémoire** sur les moyens les plus propres à tirer le parti le plus avantageux des montagnes du Jura, par TH. R. FRÈNE. 1768, in-8, à Bienne (Suisse).

86.— **Dictionnaire raisonné** des eaux et forêts composé des anciennes et nouvelles ordonnances; des édits, déclarations et arrêts du conseil rendus en in-terprétation de l'ordonnance de 1669; des coutumes, arrêts du conseil et autres cours souveraines; réglements généraux et particuliers de réformation; décisions des ministres, des grands-maîtres et des jurisconsultes; contenant l'explication des termes appartenant à la matière des eaux et forêts, et la forme particulière aux affaires qui se poursuivent aux maîtrises; suivi du Recueil des édits, déclarations, arrêts, réglements et autres pièces non imprimées jusqu'à présent, qui tous sont entrés dans cet ouvrage; avec deux tables l'une par ordre chronologique, l'autre par ordre alphabétique des matières, par M. CHAILLAND, ancien procureur du Roi en la maîtrise des eaux et forêts de Rennes. 1769, 2 vol. in-4°, à Paris, chez Ganeau et chez Knapen.

Par arrêt du conseil du 23 juin 1787, Louis XVI avait ordonné qu'il serait fait aux frais de l'Etat une nouvelle édition du Dictionnaire de Chailland. Cette édition n'a pas été exécutée.

87.—**Traité des bois**, et des différentes manières de semer, planter, cultiver, exploiter, transporter et conserver. 1769, 2 vol. in-8, à Paris.

Ce Traité des bois est de *Massé*, l'auteur du Dictionnaire portatif des eaux et forêts (1766); il renferme un précis historique des droits sur les bois, et des extraits des Mémoires de Buffon sur la culture, l'amélioration et la conservation des forêts. Il a été réimprimé, aussi anonyme, avec des augmentations considérables, et sous ce titre : *Traité de la culture, de l'amélioration et de la conservation des bois*, où l'on trouve : 1° Toutes les connaissances acquises jusqu'à présent sur l'économie végétale; 2° les différentes méthodes employées pour élever un grand nombre d'arbres en pépinière; 3° les différentes manières d'exploiter les forêts, et d'estimer la valeur d'un taillis; 4° les moyens les plus convenables pour transporter, dessécher et conserver les bois. Ouvrage utile à tous les seigneurs, propriétaires, entrepreneurs, marchands de bois, charpentiers, menuisiers, charrons, boisseliers, etc. 1782, 2 vol. in-8, à Paris, chez Lamy.

88.—**Mémoire** sur les moyens de mettre en culture les terres incultes, arides, stériles de la Champagne, en y employant quelques espèces de végétaux, arbres, arbrisseaux ou arbustes analogues au sol des différentes contrées de cette province, par M. PAUL. FR. BONCERF. Ouvrage qui a remporté le prix de l'Académie de Châlons, en 1770. (Sans date), in-8 de 24 pages, à Paris, chez Gorsas.

89.— **Manuel forestier** et portatif contenant les descriptions, qualités, usages et cultures particulières des différentes essences de bois qui composent le massif gé-

(1) Depuis Louis XVI.

néral des forêts du royaume... extrait en grande partie du Traité général des forêts de DUHAMEL DU MONCEAU, par GUIOT, garde-marteau de la maîtrise des eaux et forêts de Rambouillet. 1770, in-12, à Paris, chez Lebreton.

90. — **Traité de la nature** et des propriétés des bois, du terroir qui leur est propre, de leur entretien, et des causes de leur accroissement pour perfectionner cette partie de l'économie, par J. FRÉDÉRIC ENDERLIN, conseiller du Margrave de Baden-Dourlach. in-8. 1770, à Paris.

91. — **Manuel** de l'Arboriste et du Forestier belge, ouvrage extrait des meilleurs auteurs anciens et modernes, et soutenu d'observations faites dans différents pays où l'auteur a voyagé. 1772, 2 vol. in-8, à Bruxelles et à Paris.

Ce Manuel, qui était à la hauteur de l'art sylvicole à l'époque de sa première publication, est du baron de *Poéderlé* l'aîné. — Il a été réimprimé en 1774, 1788, 1792. Les dernières éditions portent le nom de l'auteur.

92. — **Abus** de l'arpentage par Cutellation, ou Réfutation de l'arpenteur forestier. 1772, in-8° de 84 pages, à Paris.

Voyez n° 76. — L'arpenteur.

93. — **Représentation** des bois, des arbres et arbrisseaux tant du pays qu'étrangers qui sont rassemblés par les amateurs de l'histoire naturelle dans leurs cabinets de curiosités naturelles, pour l'agrément et l'utilité suivant leurs propriétés intérieures et leurs couleurs naturelles, avec leurs noms en hollandais, allemand, anglois, françois et latin. 1773-95, in-4°, avec 106 planches coloriées, à Amsterdam, chez J. Chr. Sepp.

M. Brunet, dans la dernière édition de son *Manuel du libraire*, attribue cet ouvrage à Sepp lui-même.

94. — **Conférence**, par ordre alphabétique des matières contenues en l'ordonnance de Lorraine civile et criminelle et des eaux et forêts de 1707, et des édits, ordonnances et réglements y relatifs, par M. ALBERT RISTON, avocat près la Cour souveraine de Nancy. 1774, 2 vol. in-12, à Nancy et à Bouillon.

95. — **Traité des arbres**, arbrisseaux et arbustes de nos forêts, trad. de l'allemand, de CH. CHRIST. OELHAFEN DE SCHOELLENBACH, par GOD. BÉNISTANT. 1775, in-4°, fig., à Nuremberg,

Ce n'est là que le premier volume de l'ouvrage. Cette traduction n'a pas été continuée. L'original allemand forme trois volumes in-4°, qui ont été publiés à Nuremberg, de 1773 à 1804.

96. — **Mémoire** sur la culture des arbustes dans les dunes, par JEAN DENTAND, pasteur de l'Église réformée. 1777, in-8,

97. — **De la transplantation**, de la naturalisation et du perfectionnement des végétaux, par M. le Baron DE TSCHUDY, bailli de Metz. 2me édition in-8, à Paris, chez Lambert.

La première édition a paru dans le supplément à l'*Encyclopédie*, in-fol. 1777.

98. — **Essai sur l'aménagement des forêts**, avec un tableau instructif pour la coupe et la réserve des bois, présenté au Roi, par PANNELIER D'ANNEL. 1778, in-8, Paris, Desprez.

Cet Essai sur l'aménagement des forêts a été critiqué par de Sessevalle et par Tellès d'Acosta. Voyez *infrà* n°s 99 et 100.

99. — **Examen de l'Essai** sur l'aménagement des forêts de M. Pannelier d'Annel, par M. DE SESSEVALLE, maître des eaux et forêts de Clermont en Beauvoisis. 1779, in-8, à Paris, chez Aug. Mart. Lottin.

100. — **Instruction** sur les bois de marine et autres, contenant des détails relatifs à la physique et à l'analyse du chêne, à l'arpentage des forêts, au toisé et au transport des bois ; des méthodes simples et peu dispendieuses sur les plantations et l'amélioration des forêts ; d'où il résulte qu'on doit ajouter peu de foi, sur cet objet, aux anciens systèmes et même aux nouveaux des sieurs PANNELIER D'ANNEL et autres, sur l'aménagement des forêts ; suivie d'un aperçu des bois et des consommations dans le royaume, des moyens d'augmenter, de garder les forêts et d'économiser la charpente, pour en procurer une plus grande quantité à la Marine ; avec un abrégé des lois sur le bois de Marine ; le tarif fait à Brest en 1765, qui indique la proportion des bois de construction des vaisseaux du Roi et dix planches gravées pour perfectionner le sciage, et le rendre avantageux ainsi qu'en Hollande. 1780, in-12, à Paris, chez Vve Duchesne. — autre édit. : 1782, in-8, à Paris, chez la même.

Cette *Instruction* est de Tellès d'Acosta, grand maître des eaux et forêts de la province de Champagne. En 1784 a paru, du même auteur : — SUPPLÉMENT A L'INSTRUCTION sur les bois de marine et autres de M. Tellès d'Acosta... où l'on annonce : 1° une manière économique de s'approvisionner de bois de constructions navales; 2° Comment on peut se procurer à Paris des bois de chauffage ; 3° Des choses intéressantes sur l'orme dit pyramidal et autres. 1784, in-8, chez veuve Esprit et autres.

— Second supplément à l'instruction sur les bois

de marine et autres de M. Tellès d'Acosta... qui traite 1° de l'amélioration du chêne et des expériences faites sur dix-huit espèces de bois naturels et améliorés, pour en connaître la force; 2° de l'approvisionnement de bois et de charbon· pour le chauffage de Paris; 3° de peupliers blancs et de la préférence à donner au peuplier d'Italie. 1786 in-12, chez la même.

101.—**Traité de la châtaigne,** par ANT. AUG. PARMENTIER, membre de l'Académie roy. des sciences. 1780, in-8, Paris chez Manory.

102.—**Traité théorique** et pratique de la végétation, ou expériences et démonstrations sur l'économie végétale et la culture des arbres, par M. MUSTEL, 1781-84, 4 vol. in-8. avec fig.

103. **Observations** sur les bois de chêne et de châtaignier, par M. DAUBENTON.

Imprimé dans les Mémoires de l'Académie des sciences, année 1781.

104. — **Observations importantes** sur l'aménagement des bois du roi, de ceux des gens de main-morte et des particuliers, par un officier des eaux et forêts. 1781 in-8, à Verdun, chez Christophe.

Le nom de cet officier est *Henriquez*, l'auteur de plusieurs ouvrages que nous mentionnerons plus bas.

105.—**Code pénal des eaux et forêts,** par M. HENRIQUEZ, ancien procureur du Roi. 1782, 2 vol. in-12, à Paris.

106.—**Supplément** aux lois forestières de France (de Pecquet), précédé d'une Analyse raisonnée de l'ordonnance de 1669, où se trouvent les lois et les différents réglement qui ont été faits ce qui concerne les eaux et forêts depuis 1300 jusqu'en 1781, par M. PONCELIN DE LA ROCHE-TILHAC. 1782, in-4° de 212 pages, à Paris.

107.—**Traité de la force des bois,** ouvrage essentiel, qui donne les moyens de procurer plus de solidité aux édifices, de connaître la bonne et mauvaise qualité des bois, de calculer leur force, de ménager près de moitié sur ceux qu'on emploie ordinairement, et qui enseigne aussi la manière la plus avantageuse d'exploiter les forêts, d'en faire l'estimation sur pied, par M. NIC. LECAMUS, de Mézières. 1782, in-8, à Paris, chez l'auteur, et chez Ben. Morin.

108.—**Traité de la culture,** de l'amélioration et de la conservation des bois, ouvrage utile à tous les seigneurs, propriétaires, entrepreneurs, marchands de bois,

charpentiers, menuisiers, etc. 1782, 2 vol. in-12, à Paris.

C'est la réimpression de l'ouvrage intitulé : *Traité des bois et des différentes manières de semer*, etc. 1769, 2 vol. in-8, ouvrage que nous avons dit être de Massé. avocat. Voyez n° 87.

109. — **Catalogue d'arbres**, d'arbustes et plantes herbacées d'Amérique, par M. YONG, botaniste de Pensylvanie. 1783, in-8, à Paris chez la veuve Hérissant.

110.— **État** des forêts de Chantilly, etc. par M. PANNELIER D'ANNEL, 1783, in-12, de 88 pages.

111. — **Manuel des eaux et forêts**. 1784, in-12, à Paris, chez Delalain.

Ce manuel est d'*Henriquez*.

112.—**Mémoire** sur la manière de perfectionner les remises propres à la conservation du gibier, par M. FR. LE BRETON, inspecteur général des remises des capitaineries royales. 1785, in-12, à Paris, chez Prault.

Nous mentionnons ce livre, bien que les remises ou garennes ne soient plus de notre temps, et quoique l'agriculture souhaite bien plus leur destruction que leur maintien. Aujourd'hui, dans les pays de grande culture, dans le Soissonnais, par exemple, on stipule dans les baux la destruction des *remises*.

113.—**Mémoire** sur l'histoire naturelle du chêne, sur la résistance des bois à être rompus par les poids dont ils sont chargés, sur les arbres forestiers de la Guienne. par M. J.-B. SECONDAT DE MONTESQUIEU. 1785, in-fol. de 92 pages, avec 15 pl., à Paris, chez Debure.

114.—**Traité** de la culture des arbres et arbustes qu'on peut élever dans le royaume et qui peuvent passer l'hiver en plein air, etc., par M. BUCHOZ, médecin et professeur de botanique. 1785, 3 vol. in-8, chez l'auteur. — Autre édit. 1801, 3 vol. in-12.

115. — **Traité** des grueries seigneuriales. 1786, in-12, à Paris.

C'est la deuxième partie du *Code des seigneurs hauts justiciers* publié anonyme par *Henriquez*, en 1761.

116. — **Mémoire** sur les arbres résineux, par M. le Chevalier Turgot.

Imprimé dans les Mémoires de l'Académie royale des sciences, année 1786. — *Étienne-François Turgot* était frère du célèbre Turgot, ministre de Louis XVI.

117. — **Moyens** de prévenir la disette des bois, et d'en procurer l'abondance; mémoire couronné, en 1786, par l'Académie des sciences de Châlons-sur-Marne; suivi d'un essai sur le repeuplement des rivières

et d'une lettre d'un citoyen à un conseiller d'État sur le projet de faire exploiter par une compagnie tous les bois dans l'étendue de la France, par M. HENRIQUEZ. 1787, in-12.

L'idée de donner à ferme à des compagnies l'exploitation du domaine royal, aujourd'hui domaine national, n'était pas nouvelle à cette époque : de La Jonchère l'avait proposé dans son *Système d'un nouveau gouvernement en France*, 1720, 4 parties in-12, à Amsterdam (Paris).

118. — Mémoire sur la mortalité des ormes dans les environs de Toulouse, par M. DE LA PEYROUSE. 1787, in-4o de 24 pages.

Extrait du troisième volume des Mémoires de l'Académie des sciences de Toulouse.

119.— Dissertation sur le cèdre du Liban, sur la manière de le cultiver en France, etc. 1787, in-fol. à Paris chez l'auteur.

Dissertation reproduite en 1804, sous ce titre : *Dissertation sur le cèdre du Liban, le platane et le cytise*, par M. *Buchoz.* 1804, in-8, à Paris. Cette dissertation, ainsi que l'indique le titre de sa réimpression, est de *Buchoz*, le plus prolifique des écrivains naturalistes. C'est à tort, néanmoins, qu'on lui a dénié tout mérite. Buchoz a rendu un immense service à la société en vulgarisant des connaissances utiles, et en dégageant l'enseignement de la botanique de cette terminologie barbare et de ces classifications inutiles qui s'opposent à sa diffusion.

120.— Mémoire sur les haies destinées à la clôture des prés, des champs, des vignes et des jeunes bois, par M. AMOREUX fils, docteur en médecine. 1787, in-8, à Paris. —Autre édit., sous le titre de TRAITÉ sur.. 1809, in-8, à Montpellier, où Amoreux était bibliothécaire.

121. — Traité de la culture du chêne, contenant les meilleures manières de semer les bois, de les planter, de les entretenir, de rétablir ceux qui sont dégradés et de les exploiter; avec les différents moyens de tirer un parti avantageux de toute sorte de terrains et de toute sorte de bois, par M. JUGE DE SAINT-MARTIN. 1788, in-8, avec fig., à Paris, chez Cuchet.

122. — Dissertation en forme de catalogue des arbres et arbustes qu'on peut cultiver en France, et qui peuvent résister en pleine terre pendant l'hiver, par M. BUCHOZ. 1788, in-fol. à Paris.

123.— Catalogue alphabétique des arbres et arbrisseaux qui croissent dans les États-Unis de l'Amérique septentrionale arrangés selon le système de Linnée, par M. HUMPHRY MARSHALL, traduit de l'an-

glais avec des notes par LEZERME: 1788, in-8, à Paris, chez Cuchet.

124.—Mémoire sur les moyens de multiplier les plantations des bois, sans trop nuire à la production des subsistances, par M. HENRIQUEZ. 1789, in-12, à Paris, chez Delalain.

125. — Projet de réforme et plan d'une nouvelle administration des forêts et bois, par un grand-maître des eaux et forêts de Paris. 1789, in-8.

Ce *Projet* est de M. Tellès d'Acosta.

126.—Traité sur la réformation et les aménagements des forêts, avec une application à celles d'Orléans et de Montargis, par M. PLINGUET, ingénieur en chef de Monseigneur le Duc d'Orléans. 1789, in-8 avec pl. et tableaux, à Orléans.

127.—Mémoire sur l'amélioration des biens communaux, les desséchements de marais, les défrichements des terres incultes et la replantation des bois, par M. CRETTÉ PALLUEL. 1789, in-8.— Autre édit. 1802, in-8, à Paris.

128—Mémoire présenté à l'Assemblée constituante sur les abus qui s'opposent aux progrès de l'agriculture et sur les encouragements qu'il est nécessaire d'accorder à ce premier des arts, par la SOCIÉTÉ ROYALE D'AGRICULTURE DE PARIS. 1789, in-8, à Paris.

Le titre *de la liberté de la propriété*, art. 10, signale les réformes que réclame la législation sylviculturale. — La Société a encore adressé à la représentation nationale d'autres mémoires qui seront indiqués à leur date.

129. — Notice des arbres et arbustes qui croissent naturellement ou peuvent être élevés en pleine terre dans le Limousin, par M. JUGE DE SAINT-MARTIN. 1790, in-8, à Limoges.

130.—Mémoire sur les moyens de mettre en culture la plus avantageuse, les terrains incultes, secs et arides de la France, et principalement de la Champagne, par MAYET ; mémoire qui a reçu le premier accessit de l'Académie de Châlons-sur-Marne. 1790, in-8|, à Paris et à Bruxelles. — Réimprimé, à Berlin, en 1793, en un vol. in-8 de 54 pages.

131.—Observation sur l'organisation et l'accroissement des bois, par M. L.-J.-M. DAUBENTON. 1790.

Imprimées dans les Mém. de l'Académie des sciences. 1790.

132.—Plan d'une nouvelle administration pour les forêts de la France, contenant un abrégé des réglements pour administrer, conserver et ne point défricher les forêts, et laisser des parties de taillis en réserve dans les bois de taillis pour croître en futaie, ou sur les coupes ordinaires des baliveaux et des arbres de différents âges, etc., etc., par M. Tellès d'Acosta, grand maître des eaux et forêts. 1791, in-8 de 150 pages, à Paris.

133.— Forêts et bois; leurs semis et plantations; les soins qu'exige leur entretien; les moyens d'en tirer le plus grand profit, etc. ; avec un Traité complet du solivage, et des Tables qui, sans demander aucun calcul, réduisent toutes les pièces, soit de charpente, soit de chauffage, aux différentes mesures admises pour les bois. — Arbres et arbustes qu'on peut élever en pleine terre dans le royaume; leur description; leur culture; leurs usages, tant d'utilité que d'agrément, etc., par M. Louis-Marie Blanquart. Ces deux parties précédées de la Physiologie végétale par M. Jean Sénebier, ministre du saint Évangile, bibliothécaire de la République de Genève, etc.; tome 1er 1791, in-4°, à Paris, chez Panckoucke.

Ce volume fait partie de l'*Encyclopédie méthodique*. La première partie contient, en forme de dictionnaire, le *Traité de physiologie végétale* de Sénebier; il commence par le mot *accroissement* et finit par celui *utricules*. La deuxième partie de ce volume n'a paru qu'en 1815; elle contient: — Méthodes et tables pour la cubature des bois en mesures anciennes, savoir : 1° en solives et parties de solives ; 2° en pieds cubes et parties de pied cube ; 3° en chevilles ; 4° en sommes et parties de sommes ; 5° en marques et parties de marques ; 6° en gouées et parties de gouée, par M. *de Sept-Fontaines ;* — précédées d'une Instruction contenant l'explication et l'usage des tables de M. de Sept-Fontaines, des méthodes de calcul nouvelles et expéditives, pour la cubature des bois dans un système métrique quelconque ; plusieurs tables, parmi lesquelles se trouve celle des logarithmes des 10,000 premiers nombres, applicables aux calculs de la cubature des bois, soit dans le système métrique ancien, soit dans le système métrique décimal, par M. *de Prony,* inspecteur général, directeur de l'école royale des ponts-et-chaussées, membre de l'Institut royal de France, etc. Ouvrage utile à tous ceux qui ont à s'occuper de la cubature des bois, tant pour des affaires de commerce que pour des affaires particulières. 1815, in-4°, à Paris, chez Panckoucke.

L'ouvrage n'a pas eu de suite. — Voyez n° 318, *Encyclopédie méthodique.*

134.— Discours sur la nécessité de dessécher les marais, de supprimer les étangs et de replanter les forêts, discours prononcé, le 12 mai 1791, par M. Duchosal. 1791, in-12, à Paris.

135.— Mémoire sur le repeuplement, l'augmentation et la conservation des bois, dans les départements de la Meurthe, Moselle, Aisne, Meuse, Marne, etc. 1791, in-8°, à Nancy et Paris.

Ce *Mémoire* est de *Delisle de Moncel.*

La publication simultanée, en 1791 et 1792, de plusieurs écrits sur les forêts tant nationales que particulières a été provoquée par le concours ouvert par le Corps municipal de la ville de Paris, sur cette double question : *Quelles sont les causes du dépérissement des bois ? — Quels sont les moyens d'y remédier ?—* Le prix fut remporté par Baillon et Delisle de Moncel.

136. — Mémoire sur les moyens de multiplier les plantations de bois, sans trop nuire à la production des subsistances couronné par l'Académie de Metz, par M. Bousmard. 1791, in-8, à Paris.

Suivant la biographie universelle de Michaud, Bousmard aurait donné, en 1788, une édition de ce mémoire.

137.— Idée d'un agriculteur patriote sur le défrichement des terres incultes, sèches et maigres, connues sous le nom de landes, garrigues, gatines, friches, etc. 1791, in-8, à Paris.

Ce *Mémoire* est de *Guillaume de Lamoignon de Malesherbe*s, membre de l'Académie des sciences, et ministre d'État sous Louis XVI, dont il fut le défenseur à la Convention. L'auteur de ce mémoire insiste sur les bons effets des plantations pour l'amélioration du sol.

138.— Observations sur les maladies, les blessures et les autres imperfections des arbres fruitiers et forestiers de toute espèce, avec une méthode de les guérir découverte par William Forsith; traduit de l'anglais. 1791, in-8, à Paris, chez Th. Barrois.

139.— Mémoires sur les plantations des terrains vagues, surtout celles des grandes routes, et sur les causes du dépérissement des bois et les moyens d'y remédier, par M. l'abbé H. A. Tessier. 1791, in-8.

140.— Observations sur l'aménagement des forêts et particulièrement des forêts nationales, présentées à l'Assemblée nationale, par la Société royale d'agriculture (sans date, 1791), in-8 de 88 pages. — Sur l'aménagement des forêts nationales; second Mémoire par M. Varenne de Fenille, associé ordinaire (sans date, 1791), in-8 de 16 pages.

Ces *Observations* sur l'aménagement, sont, ainsi que le *second Mémoire*, qui porte son nom, de *Varenne de Fenille.* Ils sont extraits des Mémoires de la Société royale d'agriculture de Paris, année

2

1791, société dont Varenne de Fenille était associé ordinaire.

141.—Causes du dépérissement des bois. — Quelles sont les causes du dépérissement des bois? — Quels sont les moyens d'y remédier? — Solutions de ces questions par M. J.-F -E. BAILLON, correspondant breveté du Jardin des plantes et de la Société royale d'agriculture, demeurant à Montreuil-sur-Mer. — L'auteur a remporté, concurremment avec de Moncel, le prix offert par le Corps municipal de la ville de Paris, pour le développement de ces deux questions. — La société royale d'agriculture lui a décerné un prix dans sa séance publique du 29 décembre 1790. 1791, in-4° de 24 pages, de l'impr. de Knapen, à Paris. — Réimprimé, en l'an IX, in-8, à Paris, de l'impr. de H.-L. Perronneau.

142.—Observations sur l'administration des forêts, par M. BALLAUD. 1791, in-8, à Paris.

143. — Réflexions sur les forêts, par M. BEXON. 1791, in-8.

144. — Essai sur les bois, les friches, les chemins et les mendiants, par M. A. PAULMIER DE LA TOUR, cultivateur à Nemours. 1791, in-8.

145.—Observations sur l'aménagement des forêts. 1791, in-8.

146.—Opinion de Louis Pain, cultivateur, sur la conservation des forêts nationales. 1792, in-8 de 16 pages, de l'impr. de Crapart, à Paris.

147.—Mémoire sur les bois de Corse, et Observations générales sur l'époque de la coupe des arbres, par J.-MARC CADET, membre honoraire de l'Académie de Metz. 1792, in-12, à Paris.

148.—Vérités importantes sur le danger d'aliéner les forêts (sans date, 1792), in-8 de 12 pages, de l'impr. des 83 départements, à Paris.

149.—Ne vendez pas nos forêts: Mémoire adressé aux Représentants de la nation, en avril 1792. 1792, in-4° de 24 pages, à Épinal, chez Vautrin. Imprimé par ordre et aux frais des membres composant le conseil général de la commune d'Epinal.

150.—Observations sur la question de l'aliénation des forêts nationales. 1792, in-8.

151.— Mémoire sur l'Administration forestière et sur les qualités individuelles des bois indigènes ou qui sont acclimatés en France, auquel on a joint la description des bois exotiques que nous fournit le commerce; ouvrage utile aux propriétaires qui veulent se ménager de la futaie, juger avec précision l'âge auquel ils doivent couper leurs forêts et connaître l'emploi le plus avantageux des différentes espèces d'arbre d'après leurs qualités déterminées par un grand nombre d'observations et d'expériences nouvelles, par M. P.-C. VARENNE-FENILLE. 1792, 2 vol. in-8 figures, de l'impr. de Philipon à Bourg. — Seconde édition 1807, 2 vol. in-8, à Paris, chez Mme Huzard.

152. —Avis important sur l'économie politico-rurale des pays de montagnes et sur la cause et les effets progressifs des torrents, etc., par M. B***, inspecteur général des ponts et chaussées. An II, in-8 de 16 pages, à Paris.

L'auteur de cet écrit, M. *P.-M. Bertrand*, démontre par des arguments irréfutables l'absurdité de brûler pour déboiser; il signale, en outre, et avec beaucoup de force, les conséquences déplorables de la destruction des forêts de la France.

153.—De la tenue des bois nationaux, par S. M. COUPPÉ, de l'Oise, représentant, imprimé en vertu du décret du 26 vendémiaire an III. An III, in-8 de 36 pages, de l'impr. nationale.

154.—Rapport sur le projet d'un Code forestier, présenté au nom des comités des domaines, d'aliénation, d'agriculture, de commerce, des finances et de la guerre, par POULLAIN-GRANDPREY, député des Vosges (sans date, an III). In-8 de 32 pages, de l'impr. nationale.

155. — PROJET D'UN CODE FORESTIER présenté au nom des comités des domaines, d'aliénation, d'agriculture, de commerce, des finances et de la guerre, par POULLAIN-GRANDPREY, député par le départ. des Vosges, imprimé en exécution d'un décret de la Convention nationale (sans date, an III). In-8 de 200 pages, de l'impr. nationale.

156.—Essai sur les qualités et les propriétés des arbres, arbrisseaux, arbustes et plantes ligneuses qui croissent naturellement dans le département du Nord ou que l'on peut y naturaliser. An III, in-4° de 136 pages, à Valenciennes, chez Varlé.

Cet *Essai* est de *Gab.-Ant.-Jos. Hécart*, secrétaire de la municipalité de Valenciennes.

157.—Réflexions sur les forêts de la République; sur les diverses lois qui ont été faites ou projetées pour leur conservation, amélioration et administration, notamment sur celle du 29 septembre 1791; suivies de quelques observations concernant le nombre, répartition et traitement des nouveaux agents forestiers, les aménagements des forêts et les avantages d'une bonne administration, par C.-J.-B.-L. HÉBERT, agent-forestier à Chauny. An III. in-12 de 28 pages, à Chauny, chez Moreau.

158. — **De l'amélioration générale** du sol français dans ses parties négligées ou dégradées, par COUPPÉ, de l'Oise 1795, in-8, Paris.

Cet ouvrage traite de l'opportunité du reboisement de la France.

159. — **Notice sur l'état des bois** et des forêts en France et particulièrement dans le midi de la République.

Imprimée dans le *Journal des Mines*, numéro de prairial an IV. — Elle renferme une analyse d'un rapport fort intéressant sur l'état des forêts, adressé au conseil des mines, en germinal an IV, par Muthuon, ingénieur des mines. Muthuon y signale quelques vices à éviter dans l'économie forestière et dans les plantations.

160. — **Rapport sur l'Administration forestière** fait en l'an IV, à la Convention nationale, par JACQUES ISORÉ, représentant de l'Oise. An IV, in-8, de l'imp. nationale.

Un Tableau, imprimé par ordre de la Convention nationale, et annexé à ce rapport, donne la statistique des forêts de la France à cette époque.

161. — **Rapport** fait au nom de la commission nommée par arrêté du 22 frimaire an IV, pour présenter un projet de résolution sur l'Administration forestière, par ALEX. BESSON, membre du Conseil des Cinq-Cents. An IV, in-8, de l'imp. nationale.

Ce Rapport donne des chiffres approximatifs sur le produit et la consommation des bois en France, avant 1789.

162. — **Essai sur la théorie** des torrents et des rivières, contenant les moyens les plus simples d'en empêcher les ravages, d'en rétrécir le lit et d'en faciliter le hallage et la flottaison, par J.-ANT. FABRE, ingénieur hydraulique. An V, in-4, à Paris, chez Bidault.

L'auteur de cet *Essai* démontre avec une grande force de raisonnement l'influence du déboisement sur la formation des torrents, le débordement des rivières et la dégradation du sol.

163. — **Moyens de conserver** et d'améliorer les forêts nationales et d'en accroître le produit pour toutes les espèces de services paticuliers et publics, par J.-N. BUSSAC, ingénieur géographe. An V, in-8, à Paris.

164. — **Mémoires sur les dunes**, et particulièrement sur celles qui se trou-

vent entre Bayonne et la Pointe de Grave à l'embouchure de la Gironde, par NIC.-CH. BRÉMONTIER, ingénieur des Ponts-et-chaussées, an V, in-8 de 74 pages, de l'imp. de la République.

Voyez, pour un rapport sur ces différents Mémoires de Brémontier, le n° 229, Rapport.

165. — **Recueil de lois** relatives à l'administration des forêts nationales; imprimé par ordre du Directoire exécutif. Paris, thermidor, an V. An V, in-8, de l'impr. de la République.

166. — **Mémoire sur l'abus** des défrichements, par M. TESSIER.

Imprimé dans les Mémoires de l'Institut, t. Ier, an VI.

167. — **Manuel des gardes champêtres** et gardes forestiers, contenant les lois et formules relatives aux fonctions de ces officiers, par AUG. CH. GUICHARD, avocat. an VI, in-12, à Paris, chez Garnery,

168. — **Métrologie forestière**, ou Tables de la cubature des bois de construction, marine et chauffage, suivant le système décimal uniforme des poids et mesures; précédée d'une Instruction élémentaire du calcul décimal, à cette branche du système et à celle de la mesure de la superficie des terres; revêtues d'une Approbation du ministre de l'intérieur, par J.-B.-G. POISSENET, géomètre. An VI, in-8, à Paris, chez A. Bailleul; Devaux.

169. — **Essai sur l'histoire** des fourmis de la France, par M. LATREILLE, membre de l'Institut. An VI, in-12, à Brives.

170. — **Manuel pratique** du forestier, par J.-B. BRIDEL, l'un des garde-marteau de l'administration de la forêt d'Orléans. An VI, in-12, à Paris, chez Baudelot et Eberhart.

171. — **De l'exploitation du chêne** prise dans l'état actuel des sciences qui s'y rapportent, ou Moyens d'augmenter la quantité, la force et la durée du chêne propre aux constructions navales et civiles et d'augmenter le produit des bois, par M. L.-F. PÉRIER-MONDONVILLE. 1798, in-8, de 16 pages, à Paris.

172. — **Observations** sur la nécessité de régler l'abatage des arbres d'après la latitude et l'élévation du sol, par J.-M. CADET. 1798, in-8o, avec un tableau comparatif de la température selon les diverses élévations au-dessus du niveau de la mer, ou latitude de chaque localité, à Paris, chez Valade.

Aujourd'hui, pour désigner l'élévation au-dessus du niveau de la mer, l'on se sert du mot *alti-*

tude proposé par l'illustre voyageur de Humboldt.

173. — Projet de Code forestier, présenté par une Commission spéciale au Conseil des Cinq-Cents, séance du 16 ventôse an VII. Floréal an VII, in-8°, à Paris, de l'imprim. nationale.

174. — Précis d'un voyage agricole, botanique et pittoresque dans les Landes, par JEAN-FLORIMOND BOUDON DE SAINT-AMANS. An VII, in-8°, à Agen.

175. — Traité de la culture des arbres et arbustes, par M. BUCHOZ, médecin. An VII, 2 vol. in-12, à Paris, chez Meurant.

176. — Mémoires tirés du Traité de la conservation et de l'aménagement des forêts (de M. DE PERTHUIS); par M. LÉON DE PERTHUIS DE LAILLEVAULT; ouvrage dans lequel les propriétaires trouveront des moyens économiques de planter et de repeupler les bois, et d'en tirer le revenu le plus considérable; et les marchands de bois et les fermiers, des renseignements certains sur leur exploitation la plus lucrative. An VIII, in-8°, à Paris, chez Bresson.

A la fin de cet écrit se trouve un projet de code complet des eaux et forêts qui a été critiqué par Clausse. Voyez : *Précis sur l'Aménagement*, etc., n° 179. — Voyez, pour le Traité de l'aménagement, n° 203.

177. — Mémoire sur les causes de la dégradation des forêts de la ci-devant province de Lorraine, par M. RENAUD DE BACCARA. An VIII, in-8°, à Lunéville.

178. — Code forestier, ou Guide des employés de l'administration forestière, des ingénieurs de la marine, propriétaires et marchands de bois, par M. RIPPERT, ancien inspecteur des domaines et forêts. An VIII, in-8, à Paris, chez Rippert-Beauregard.

179 — Précis sur l'aménagement et l'administration des forêts et des bois nationaux de la République française, utile, et intéressant tous les propriétaires de bois, avec quelques observations sommaires sur le premier fragment d'un nouveau projet du Code forestier du citoyen Perthuis, par CLAUSSE. An VIII, in-8, à Paris.

180. — Extrait d'un mémoire du C. MONNOT, sur l'aménagement des forêts du département du Doubs, par M. GIROD-CHANTRANS. An VIII, in-8°, à Besançon.

181. — Mémoire sur le dépérissement des forêts et sur les moyens d'y remédier, par DUVAURE, agent forestier. 1800, in-8, à Paris.

182. — Lettres sur la plantation et la culture des arbres d'après la pratique, par M. ROGER-SCHABOL. 1800, in-8, à Vienne (Autriche).

C'est un extrait du Dictionnaire du jardinage et des manuscrits de l'abbé Roger-Schabol, qui était mort déjà depuis longtemps, dès 1768.

183. — Tableau dendrologique, contenant la liste des plantes ligneuses, indigènes et exotiques acclimatées; la manière dont elles se propagent, le terrain et l'exposition qui leur conviennent, par M. MOREL, ancien architecte. 1800, in-12, à Lyon.

Morel avait publié antérieurement, sur la construction des jardins utiles et pittoresques, un ouvrage qui a obtenu quelque succès, et qui a été imprimé plusieurs fois.

184. — Physiologie végétale contenant une description anatomique des organes des plantes et une exposition des phénomènes produits par leur organisation, par M. JEAN SÉNEBIER. 1800, 5 vol. in-8, à Paris et à Genève, chez Paschoud.

C'est la refonte de :« La physiologie végétale, dictionnaire imprimé dans le volume « Bois et Forêts » de l'Encyclopédie méthodique, 1791. »

185. — Mémoire et observations sur les abus des défrichements et la destructions des bois et forêts; avec un projet d'organisation forestière, par M. ROUGIER DE LA BERGERIE, préfet de l'Yonne. An IX, in-4°, à Auxerre.

186. — Manuel forestier, ou Traité élémentaire contenant le balivage, le martelage, les ventes et l'exploitation des coupes annuelles, l'estimation d'icelles, leur récolement, l'aménagement, le bornement et la régénération des forêts, suivi du Traité des pépinières, leur culture, semis et plantation, appuyé par la pratique, par RICHARD, maître particulier de la maîtrise provisoire de Mortagne. An IX, in-12, à Paris, chez Mérigot.

187. — Code de la conservation générale des bois et forêts nationales, par M. CH.-H. BONNET. An IX (1800), in-12, à Paris, chez Lenormant.

188. — Traité de la physique végétale des bois et des principales opérations forestières, avec le modèle des actes à rédiger; terminé par le tableau des proportions que doivent avoir les bois de construction pour la marine rapportées au calcul décimal, par le citoyen GOUBE, conservateur du troisième arrondissement. An IX (1801), in-8°, à Paris, chez Goujon fils.

189. — Observations sur les bois et particulièrement sur ceux de la forêt de Fontainebleau, par LUCIEN NOEL. An IX, in-4°, chez Lequatre, à Fontainebleau.

190. — Mémoire sur l'Administration des forêts. An IX, in-8°, à Paris.

Ce Mémoire est de *De Fontayne*, qui était agent forestier à cette époque.

191. — Histoire des chênes de l'Amérique, ou Description et figures de toutes les espèces et variétés de chênes de l'Amérique septentrionale considérées sous leur rapport botanique; de leur culture et de leur usage, par M. ANDRÉ MICHAUX. An IX, in-fol. avec 36 pl. dessinées par Redouté, à Paris, chez Villier ; Fuschs.

192. — Code des eaux et forêts, extrait d'une analyse critique de l'ordonnance de 1669 et de tous les projets présentés aux législateurs, précédé d'observations sur le danger d'aliéner les forêts, par M. J.-F. FORESTIER, ancien inspecteur des forêts de l'arrondissement de Dreux. An IX, in-12, à Chartres, chez Durand-Letellier ; à Paris, chez Dentu.

193. — Réflexions d'un ancien grand-maître des eaux et forêts, rédigées de mémoire, avec un Précis sur le matériel des bois et forêts par G.-R. M. An IX, in-8, à Paris.

Cet ancien grand-maître des eaux et forêts est *L.-F. Duvaucel*, et l'éditeur des *Réflexions*, *Momet*. Duvaucel était grand-maître des eaux et forêts au département de Paris, en 1793.

194. — De l'utilité et de la culture de l'acacia robinia, par M. DETTMAR-BASSE. An IX, in-8 de 32 pages, à Paris, chez Goujon fils.

195. — Mémoire sur le tulipier, par DE CUBIÈRES l'aîné. An IX, in-8 de 12 pages, de l'imprim. de Pierres, à Versailles.

196. — Lettre sur le robinier, connu sous le nom impropre de faux acacia, avec plusieurs pièces relatives à la culture et aux usages de cet arbre, par M. FRANÇOIS (de Neufchâteau). An IX, in-12, avec un pl., à Paris, chez Meurant.

Pour faire suite ou compléter cette lettre, il a été publié : *Lettre* à M. François (de Neufchâteau) sur le robinier par *F.-C. Medicus*, traduite de l'allemand pour faire suite à l'ouvrage intitulé : *Lettre sur le robinier*, par M. *François* (de Neufchâteau). An XII, in-12 de 36 pages, à Paris, chez Marchand. — Autre édition, 1803, in-8°, de l'imprimerie de la cour, à Manheim.

197. — Le Botaniste cultivateur. par M. DUMONT DE COURSET. An X, 4 vol. in-8, à Paris, chez Fuschs. — Tome 5 supplément. 1805, in-8, à Paris, chez Arthus Bertrand.

Dumont de Courset (Pas-de-Calais) donnant dans son Botaniste cultivateur des notices plus ou moins étendues sur les arbres forestiers, nous avons dû le mentionner dans notre Bibliographie. Son livre aujourd'hui, fort incomplet et arriéré, a eu quatre éditions. Il est remplacé par le *Manuel général des plantes, arbres et arbustes* de MM. *Jacques* et *Hérincq*, ouvrage en cours de publication et dont il parait déjà 2 vol. chez les libraires Audot et Dusacq, à Paris.

198. — Mémoire où l'on propose les moyens infaillibles de prévenir la ruine totale des forêts nationales; d'assurer, par leur amélioration, l'existence et la prospérité des manufactures les plus avantageuses à l'État, au commerce et aux arts, par M. GEORGEL. An X, in-4, à Saint-Dié.

199. — Harmonie hydro-végétale et météorologique, ou Recherches sur les moyens de recréer avec nos forêts la force des températures et la régularité des saisons par des plantations raisonnées. — Cet ouvrage, médité pour le bonheur des campagnes, embrasse les corrélations existantes entre les montagnes, les forêts et les météores ; la régénération des sources, la repopulation des ruisseaux et des fleuves ; l'assainissement et la culture des marais; la fructification des grandes routes et des voies pastorales ; avec quelques vues morales sur les honneurs à rendre dans nos cérémonies funèbres à la nature humaine; dédié au premier Consul de la République française par F.-A. RAUCH, ingénieur des ponts et chaussées. An X, 2 v. in-8° avec fig., à Paris, chez les frères Levrault.

Malgré quelques exagérations, quelques erreurs même, et malgré son style amphigourique, cet ouvrage, médité pour le bonheur des campagnes, se lit avec intérêt et l'auteur l'a refait complètement et l'a publié de nouveau en 1818 sous ce titre:

« Régénération de la nature végétale, ou Recherches sur les moyens de recréer dans tous les climats les anciennes températures et l'ordre primitif des saisons, par des plantations raisonnées, appuyées de quelques vues sur le ministère que la puissance végétale semble avoir à remplir dans l'harmonie des éléments, par *F.-A. Rauch*, ingénieur en retraite. 1818, 2 vol. in-8°, à Paris, chez P. Didot aîné, et chez Mongie aîné. »

Cette édition renferme une foule de renseignements, de pièces administratives sur les dévastations exercées pendant la Révolution dans les forêts de l'État, et qui ont été adressés aux diverses Assemblées nationales par les préfets des départements.— Voyez sur ces dévastations l'ouvrage de Rougier de la Bergerie, les Forêts de la France, n. 287.

200. — Rapports sur les dunes du golfe de Gascogne, par L.-F. TASSIN. 1802, in-8° de 54 pages, de l'impr. de Delaroy, à Mont-de-Marsan.

201.— Mémoires sur les arbres qui peuvent être employés aux plantations le long des routes, etc.; par M. FRÉD.-LOUIS HAMMER, professeur d'histoire naturelle, et

M. Diétrich. 1802, in-8°, à Strasbourg et à Paris.

202. — **Des végétaux résineux**, tant indigènes qu'exotiques; ou Description complète des arbres, arbrisseaux, arbustes et plantes qui produisent des résines; avec les procédés pour les extraire; l'indication détaillée de leurs propriétés et usages dans la médecine, la pharmacie, l'art vétérinaire, la peinture, les vernis, la teinture, la parfumerie, l'économie domestique, et en général dans tous les arts et utiles et agréables; — On y joint la synonymie; les noms vulgaires en sept langues; la culture, etc.; et un mémoire de J. Nauche, médecin, membre de plusieurs sociétés savantes, sur la manière dont les substances résineuses agissent dans l'économie animale, par F.-S. Duplessy, secrétaire perpétuel de la Société académique des sciences de Paris. An XI (1802), 4 vol. in-8°, à Paris, chez Delalain fils.

203. — **Traité de l'aménagement** et de la restauration des bois et forêts de la France, ouvrage rédigé sur les manuscrits de feu M. de Perthuis, membre de la société d'agriculture du département de la Seine, par son fils, ancien officier du génie et membre de la société d'agriculture du département de Seine-et-Marne. An XI (1803), in-8°, à Paris, chez Mᵐᵉ Huzard.

Dans l'introduction de son traité, de Perthuis donne 1° un état des bois et forêts de la France, avant la paix de 1748; « et 2° un état des bois et forêts de la France depuis la paix de 1748 jusqu'à nos jours, » c'est-à-dire jusqu'à 1803, époque à laquelle il est mort *au moment de mettre la dernière main* à ce Traité de l'aménagement et de la restauration des bois. Voici les paroles que le fils de l'auteur a écrites dans l'avertissement de ce traité, paroles que nous croyons utile de reproduire ici, parce qu'elles font connaître les nombreuses expérimentations faites par de Perthuis lui-même.

« L'auteur de cet ouvrage a exploité des bois pendant quarante ans : il en a exploité une grande quantité de toutes les espèces, de tous les âges, et sur tous les différents sols.

» Il a soigneusement conservé les résultats de ces exploitations, et des nombreuses observations auxquelles elles ont donné lieu dans leurs différents aménagements.

» Il a vu beaucoup de forêts, et les a observées avec d'autant plus de fruit qu'à un jugement exquis il réunissait de très-grandes connaissances théoriques et pratiques sur l'agriculture et sur l'exploitation des bois, dont, pour ainsi dire, il a créé la science.

» Il a aperçu les vices de certains aménagements des bois, et apprécié le préjudice qu'ils occasionnaient à leurs produits. Il a cherché les moyens de les éviter; il les a trouvés dans des aménagements appropriés à la nature du sol et à la qualité des essences, et les a appliqués avec le plus grand succès à l'administration de ses propres bois.

» En examinant avec attention la manière dont la nature prévoyante pourvoit à la conservation et à la reproduction des différentes essences de bois, lorsqu'elle n'est pas contrariée par le pillage des hommes et le ravage des bestiaux, il a découvert les moyens les plus économiques de réparer ces dévastations, et il les a employés avec le même succès à l'amélioration de ses bois et de ses plantations.

» Cet ouvrage est donc le fruit de quarante ans d'expériences et d'observations. »

204. — **Dictionnaire forestier** contenant le texte on l'analyse des lois et instructions relatives à l'administration des forêts, avec les différents actes et les principes de la botanique et la physique appliquée à la connaissance des arbres, de leurs usages économiques et des meilleures méthodes de culture, d'aménagement et d'exploitation des bois, par M. Ch. Dumont, directeur de l'envoi des lois. An XI, 2 parties in-8°, à Paris, chez Garnery.

205. — **Mémoire** sur la fertilisation des dunes, par M. Decandolle. An XI, in-8° de 28 pages.

Extrait des *Annales de l'agriculture française.*

206. — **Mémoire sur la montagne** de Cognelot (Haute-Marne), par Douette-Richardot. An XI, in-8° de 32 pages, à Langres, chez Laurent-Bournot.

La montagne de Cognelot est une des principales montagnes boisées de la Haute-Marne.

207. — **Monographie du genre tilleul**, par M. Et.-P. Ventenat, membre de l'académie roy. des sciences. 1803, in-4°, avec cinq pl., à Paris, chez Baudouin.

Imprimé aussi dans les *Mémoires de l'Institut.*

208. — **Nouvelles observations** et Attestations sur la transcendance du bois de mélèze dans les constructions tant de terre que de mer, en français et en hollandais. 1803, in-8°, à Dordrecht, chez A. Blussé.

209. — **Manuel du forestier**, ou Traité complet de tout ce qui a rapport à l'histoire naturelle des arbres, par J.-B. Lorenz. An X, 2 vol. in-8° (suivant M. Quérard), à Strasbourg, et à Dijon, chez Noellat; suivant M. Pritzel, cet ouvrage aurait été imprimé à Sarrebourg, chez Jarreis.

N'ayant pu nous procurer ce Manuel forestier, nous ignorons lequel des deux bibliographes a raison.

210. — **Notice sur l'acacia robinia**, par M. Fr.-Ph. Loubat, baron de Bohant. 1803, in-8°, à Bourg.

211. — Lettre à M. François (de Neufchâteau) sur le robinier, par F.-C. MÉDICUS; traduite de l'allemand pour faire suite à l'ouvrage intitulé : *Lettre sur le robinier*, par M. François (de Neufchâteau). An XII, in-12 de 36 pages, à Paris, chez Marchand. — Autre édit. 1803, in-8o, de l'impr. de la cour, à Manheim.

Voyez no 196.

212. — Traité complet sur les pépinières, tant pour les arbres fruitiers et forestiers que pour les arbrisseaux et arbustes d'ornement, etc., par M. l'abbé ÉTIENNE CALVEL. 1803, 1 vol. in-12. — Sec. édit. augmentée d'un catalogue d'arbres, etc. 1705, 3 vol. in-12, chez Germain Mathiot ; — 3me édition augm. 1831, 3 vol. in-12, avec pl., chez le même.

213. — Des bois propres aux constructions navales ; Manuel des agents forestiers et maritimes, contenant les lois, réglements et instructions relatives à la disposition et à l'usage des bois dits de marine, par GOUJON (de la Somme), ancien jurisconsulte. An XII, in-12, à Paris, chez Goujon fils.

214. — Annuaire forestier pour l'an XIII, contenant l'état, tant au personnel qu'au matériel de toute la partie forestière au 1er nivôse an XIII, fin de l'année 1804. 1804, in-24, à Paris,

Cet Annuaire a pour auteur *Goujon* (de la Somme).

215. — Mémoire sur l'érable à feuilles de frêne ou *acer-negundo*, par le marquis DE CUBIÈRES. 1804, in-8o, à Versailles.

Extrait des Mémoires de la Société d'agriculture de Versailles.

216. — Manuel pratique des plantations rédigé d'après les principes les plus clairs sur la nature des terrains, le choix des arbres, etc., par CALVEL; imprimé d'invitation et sous les auspices du ministre de l'intérieur. 1804, in-12, fig., à Paris, chez Germain Mathiot.—Nouv. édit, 1825, in-12, fig., chez le même.

217. — Coup d'œil politique et économique sur l'état actuel des bois et forêts en France, suivi d'un projet d'institutions forestières, par M. CURTEN. 1804, in-8o, à Grenoble, chez Allier

218. — L'Observateur forestier, ou Observations sur l'ordonnance de 1669, comme cause principale du dépérissement des forêts et sur les moyens pratiques de les améliorer; avec des réflexions sur les plantations particulières, par M. C.-R. FANON, propriétaire à Crépy, en Valois. An XIII, in-8, à Paris, chez Michelet.

Reproduit en 1806, sous le titre : *Des causes du dépérissement des forêts*, l'auteur a, plus tard, complété son livre par la publication d'un *Supplément aux observations sur les causes du dépérissement des forêts* et des moyens de les améliorer, par M. *C.-R. Fanon*. 1811, in-8o, à Paris, chez Marchant.

219. — Aperçu général des forêts, dédié à la postérité, par C. D'OURCHES. 1805, 2 vol. in-8, avec 39 pl. indiquant la manière de tirer le parti le plus avantageux de toutes les parties de chaque espèce d'arbres, à Paris.

220. — Mémoires sur la naturalisation des arbres forestiers de l'Amérique septentrionale, par M. FR.-ANDRÉ MICHAUX. 1805, in-8 de 36 pages, avec un tableau, à Paris, chez Levrault.

221. — Instruction sur la culture des bois à l'usage des forestiers, par J.-J. BAUDRILLART. 1805, in-8, à Paris, chez Patris.

Baudrillard n'est pas l'auteur de cette *Instruction*, il n'en est que le traducteur. Voyez l'article suivant.

222. — Instruction sur la culture des bois, traduite de l'allemand de M. G.-L. HARTIG, grand-maître des forêts de Prusse, par J.-J. BAUDRILLART, contenant les principes du système d'exploitation par éclaircie, et le moyen de régénérer les futaies par la voie des ensemencements naturels, moyen qui était inconnu en France (1). 2me édit. in-8o ou in-12, à Paris, chez Bertrand.—Chez Levrault, Schœl et comp.

223. — Des plantations et de leur nécessité en France, et de leur utilité pour l'assainissement de l'air dans les départements du Midi, par M. DATTY. 1805, in-8o, à Arles, chez G. Mesnier, et à Paris, chez Mme Huzard.

224.—Quelques vues qui pourront servir à la solution de cette question : Quels sont les moyens d'augmenter la production des bois, et de diminuer leur consommation sans nuire à l'agriculture et aux arts, par J.-A. MARC. 1805, in-8o de 60 pages, à Vesoul.

225. — Réflexions sur le genre robinier, sur ses différentes espèces, leurs descriptions générales et spécifiques, leur culture, et principalement sur celle du faux acacia, de l'arbre aux pois et du robinier rose, qui sont les espèces les plus remarquables de ce genre, par J.-P. BUCHOZ. 1805, in-8o de 48 pages, chez Mme Buchoz. — Les mêmes réflexions augmentées de celles sur le saphora du Japon et de l'acacia de Constan-

---

(1) Il y aurait plus d'une observation à faire sur cette assertion du traducteur. Ce n'est pas le lieu d'en relever ici toute l'inexactitude.

tinople. 1806 , in-8 de 80 pages , chez la même.

226. — Mémorial forestier, ou Recueil complet et suivi des lois, arrêtés et instructions relatives à l'administration forestière.

Ce recueil périodique rédigé et publié par *Goujon*, de la Somme, a paru durant les années 1805, 1806 et 1807 ; la collection forme six volumes in-8°. — Voyez : Annales forestières, n. 239.

227. — Lettre à Ventenat sur les boutons et les ramifications des plantes, la naissance de ces organes et les rapports organiques existant entre le tronc et les branches, par M. GEORGES-LUDWIG KOELER. 1805 , in - 4°, de 28 pages et une pl., à Mayence.

228. — Sur la culture de l'orme dans le département du Nord, par M. SÉB. BOTTIN. 1806, in-8°, de 16 pages, de l'impr. de Leleux, à Lille.

229. — Rapport sur les différents mémoires de Brémontier... sur les travaux faits pour fixer et cultiver les dunes du golfe de Gascogne, entre l'Adour et la Gironde, par CHASSIRON. 1806, in-8°, de 56 pages et un tableau, à Paris, chez Mᵐᵉ Huzard.

230. — Examen analytique des causes du dépérissement des bois, pour établir sur des faits et sur leurs conséquences les plus immédiates : 1° que les forêts du royaume éprouvent annuellement une perte effective et foncière de 13,223 hectares ; 2° qu'il s'ensuit pour le trésor un déficit annuel de 6,545,385fr. ; 3° qu'un corps spécial d'ingénieurs est seul capable de bien administrer les forêts, ainsi que le prétendirent Trudaine et Buffon ; par M. PLINGUET fils, ancien ingénieur de S. A. S. le duc d'Orléans. 1806, in-8 de 16 pages. Nouv. édit. 1814, in-8° de 16 pages, de l'imprim. de Darnaud-Meurant, à Orléans. — 4ᵐᵉ édition. 1827, in-8°, de 16 pages, de l'imprim. de Farcy, à Paris.

231. — Restauration et aménagement des forêts et des bois particuliers, par E. CHEVALIER. 1806, in-12, à Paris, chez Delange.

232. — Essai sur le Code pénal forestier, par J.-A. MASSON, inspecteur des forêts à Epinal. 1806, in-8, de 44 pages, de l'imprim. de la préfecture à Epinal.

233. — Mémoire sur l'orme, sur sa diminution et les moyens d'y remédier, par l'abbé CALVEL. 1807, in-8°, à Paris.

234. — Traité de l'aménagement des bois et forêts appartenant à l'Empire, aux communes, aux établissements publics et aux particuliers ; ouvrage terminé par un plan général de statistique forestière, par M. DRALET, conservateur des eaux et forêts de l'ar-

rondissement de Toulouse. 1807, in-8° de 100 pages, à Paris, chez Arthus Bertrand. — Nouvelle édit. corrigée et augmentée suivie de recherches sur les chênes à glands doux. 1812, in-12, de l'imprimerie Manavit, à Toulouse.

Voir n° 313, *Traité des Forêts d'arbres résineux*.

235. — Traité des délits, des peines et des procédures en matière d'eaux et forêts, ou Analyse méthodique des lois, arrêts, réglements, décisions concernant les délits forestiers, les délits de chasse dans les bois et de pêche dans les fleuves et rivières, la manière de constater les délits, les actions auxquelles ils donnent lieu, la forme de procéder, etc., par M. DRALET. 1807, in-18. — 3ᵉ édit. corr. et augm. 1818, in-18, à Toulouse et à Paris, chez Demonville, chez Mᵐᵉ Huzard. — 4ᵉ édit. 1833, in-12, à Paris, chez L. Bouchard-Huzard.

Voyez n° 265, *Traité du Régime forestier*.

236. — Observations sur la nécessité d'établir en France des écoles forestières, par M. A. VAN RECUM. 1807, in-8° de 68 pages, à Paris, chez Maradan.

237. — Expériences sur les rapports comparés de la combustibilité des bois, faisant connaître les effets produits par la combustion à l'air libre et à feu clos, des différentes espèces de bois, leur volume respectif à volume égal, et le cube effectif de bois que contient une corde de bûches, suivant l'espèce et la qualité des bois, traduit de l'allemand de M. G.-L. HARTIG. 1807, in-12, à Paris, chez Arthus Bertrand, avec deux tableaux. — Nouv. édit. 1816, in-8°.

Cette traduction est de *Baudrillart*. Nous croyons devoir faire ici l'observation que la plupart des livres publiés par Baudrillart et son libraire Arthus Bertrand, ont été souvent rajeunis par de nouveaux titres, par des dates nouvelles, etc., que dès-lors nous ne répondons point de l'exactitude et de l'invariabilité des intitulés des divers ouvrager qu'ils ont publiés, attendu qu'il nous est arrivé d'avoir sous les yeux plusieurs exemplaires d'un ouvrage et d'une même édition qui ne différaient entre eux que par le titre.

238. — Collection chronologique et raisonnée des arrêts de la Cour de cassation en matière d'eaux et forêts depuis et y compris l'an VII, jusqu'à ce jour, par MM. BAUDRILLART et DONIOL. 1808, in-8°, à Paris, chez Arthus Bertrand.

239. — Annales forestières, faisant suite au Mémorial forestier. 1808.

Ce recueil périodique, publié par *Baudrillart, Chanlaire et Doniol*, a cessé de paraître en 1816. La collection forme 8 vol. in-8° (1808-1815), à Paris, chez Arthus Bertrand.

240. — **Mémoire** sur les différentes espèces de chênes qui croissent en France et sur ceux étrangers à l'Empire qui se cultivent dans les jardins et pépinières des environs de Paris, ainsi que sur la culture générale et particulière des uns et des autres, par M. L.-A.-G. Bosc. 1808, in-4º de 72 pages.

Extrait des Mémoires de l'Institut.

241. — **Mémoire** sur l'ajonc ou genêt épineux, par CALVEL. 1808, in-8º, à Paris, chez Mᵐᵉ Huzard.

242. — **De la coupe de bois** entre deux terres, par M. DOUETTE-RICHARDOT. 1808, in-8º, à Paris.

Ce petit écrit a été plusieurs fois réfuté, et il a donné lieu à la discussion d'une question de physiologie végétale qui intéresse vivement l'économie forestière.

243. — **Mémoire** sur l'amélioration des départements du Golo et du Liamone, île de Corse, par M. DURAND, d'Agde. 1808, in-8º.

Il est traité dans ce *Mémoire* des forêts de la Corse.

244. — **Nouveau Manuel forestier**, semis et plantation; entretien et conduite des arbres, leur aménagement, leur exploitation, leurs différents emplois technologiques et économiques, etc., ouvrage à l'usage des employés et gardes forestiers, des préposés de la marine pour la recherche des bois propres aux constructions navales, des propriétaires et marchands de bois, des arpenteurs, par M. FRÉD.-AUG.-L. DE BURGSDORFF, grand-maître des forêts de Prusse, traduit de l'allemand par J.-J. BAUDRILLART et adapté à notre système d'administration. 1808, 2 vol. in-8º avec 29 pl., à Paris, chez Arthus Bertrand.

245. — **Dissertations forestières**, par M. LOUIS LINTZ, garde général des forêts. 1808, in-8º, à Paris, chez Arthus Bertrand.

246. — **Code rural**, forestier et féodal, ou Recueil des lois, arrêtés et décrets sur la police rurale, l'agriculture, le régime forestier et les redevances féodales, depuis 1789 jusqu'à 1808, avec table chronologique et alphabétique des matières; mis en ordre par L. RONDONNEAU. 1808, in-8º, à Paris, chez Garnery.

247. — **Triomphe de l'acacia**. Mémoire qui contient : 1º des connaissances pratiques, nouvellement acquises sur la culture de ce bel arbre, et sur la facilité de l'élever partout, en très-peu de temps; 2º des expériences et des découvertes du plus grand intérêt, sur les qualités et les divers usages de son bois, le meilleur de tous, par JUGLAR aîné, membre de la société d'agriculture du département de Loir-et-Cher. 1808, in-8º de

84 pages et une pl., à Paris, chez Lenormant.

248. — **Essai** sur la moëlle et le liber, par AUBERT DU PETIT-THOUARS. 1809, in-8", à Paris, chez Arthus Bertrand.

Imprimé aussi dans les Mélanges de botanique et de voyages d'Aubert du Petit-Thouars. 1809.

249. — **Essais** sur la végétation, considérée dans le développement des bourgeons, par AUBERT-AUBERT DU PETIT-THOUARS. 1809, in-8º avec 2 pl., à Paris, chez Arthus Bertrand.

250. — **Notice** sur les plantations d'été, et Description d'une plantation de ce genre, par M. RIBOUD. 1809, in-8º de 24 pages, à Bourg.

250 *bis*. **Mémoire** sur les différentes espèces de haies et clôtures usitées dans le département de l'Ain. 1810, in-8º de 36 pages, à Paris, chez Mᵐᵉ Huzard.

251. — **Histoire** des arbres et arbrisseaux qui peuvent être cultivés en pleine terre sur le sol de la France, par M. DESFONTAINES. 1809, 2 vol. in-8º, à Paris, chez Bresson.

252. — **Histoire** des arbres forestiers de l'Amérique septentrionale, considérés principalement sous les rapports de leur usage dans les arts, et de leur introduction dans le commerce, ainsi que d'après les avantages qu'ils peuvent offrir aux Gouvernements en Europe, et aux personnes qui veulent former de grandes plantations, par M. F.-ANDRÉ MICHAUX. 1810-1813, 4 vol. in-8º, ou in-4º avec 72 pl. color., à Paris, chez l'auteur.

253. — **Moyen** de restauration d'un mauvais bois, exécuté, en mars 1809, à la terre d'Ouchamp (Loiret), avec diverses observations et réflexions, par SAGERET. 1810, in-8º de 24 pages.

Extrait des Annales de l'agriculture française, tome XLII.

254. — **Mémoire** sur les moyens de rendre utiles les friches et côtes incultes en les plantant, par M. (ETIENNE BOURGELIN VIALART), comte DE SAINT-MORYS. 1810, in-8º, à Paris.

255. — **Du genêt** considéré sous le rapport de ses différentes espèces, de ses propriétés et des avantages qu'il offre à l'agriculture et à l'économie domestique, par ARSÈNE THIÉBAUT DE BERNEAUD, 1810, in-8º de 92 pages, à Paris, chez Louis Collas.

Ce petit traité contient le catalogue des écrits antérieurement publiés sur le genêt.

256. — **Principes** raisonnés et pratiques de la culture des arbres, arbrisseaux et arbustes fruitiers, d'ornement, d'alignement et forestiers, par A. TATIN, marchand grai-

nier ; 4ᵉ édition remplaçant les 3 premières connues sous le titre de catalogue raisonné. 1811, in-8º, à Paris, chez l'auteur.

257. — **De l'orme**, par A. THIÉBAUT DE BERNEAUD. 1811, in-8º, à Paris.

258. — **Essai** sur l'appropriation des bois aux divers terrains de la Sologne, par M. le baron P. M.-S. BIGOT DE MOROGUES. 1811, in-8º de 60 pages, à Orléans, chez Huet-Pardoux.

259. — **L'art** de trouver des trésors réels dans les campagnes, dans les bruyères, les landes, les marais, et dans toutes terres vagues et incultes; avec un plan d'une nouvelle administration des bois et forêts communaux, domaniaux et particuliers, par M. LEGRAS DE SAINT-GERMAIN. 1811, in 8º, à Bruxelles, chez Lecharlier, à Paris, chez Chaumerot.

260. — **Annuaire forestier pour 1811.** Tableau de l'organisation forestière, contenant les noms, grades et résidences de tous les agents, de tous les grades, des eaux et forêts, suivi de l'analyse méthodique et raisonnée des lois, arrêts, décisions et instructions, en matière de forêts, chasse et pêche ; d'un traité de semis et plantations et d'un calendrier forestier, par M. J.-J. BAUDRILLART, sous-chef de division à l'Administration des eaux et forêts, 1811, in-12, à Paris, chez Arthus Bertrand.

Ce volume a été reproduit, sans réimpression, mais avec des titres nouveaux, pour 1812 et 1813.

261. — **Mémoire** sur les forêts de pins, par M. J.-C.-B. VARENNE DE FENILLE, auditeur au Conseil d'État. 1812, in-12 de 54 pages, de l'imprimerie de Bottier, à Bourg.

262. — **Recherches historiques** sur le chêne ; mémoire lu à la séance publique de la société d'émulation de Rouen, le 9 juin 1812, par M. A.-L. MARQUIS, docteur en médecine, etc. 1812, in-8º de 20 pages, de l'imprimerie de Baudry, à Rouen.

263. — **Recherches** sur le bois et le charbon, par M. le comte Fr.-R.-S. RUMFORT, lieutenant-général au service de S. M. le roi de Bavière, associé de l'Institut impérial de France. 1812. in-4º de 64 pages, de l'imprimerie d'Everat, à Paris. — Les mêmes, 1812, in-8º.

264. — **Manuel** rural et forestier, ou Recueil des lois, arrêtés et réglements actuellement en vigueur sur l'agriculture, l'économie et la police rurale, le régime forestier, les biens communaux, les redevances seigneuriales, etc.; avec Table chronologique et alphabétique des matières, par M. RONDONNEAU. 1812, in-8º, à Paris, chez Garnery.

265. — **Traité** du régime forestier, ou Analyse méthodique et raisonnée des arrêts,

réglements, décisions, instructions et circulaires concernant l'organisation des officiers et employés forestiers, et la partie administrative de leurs fonctions, suivi de modèle, d'états, procès-verbaux et autres actes, ouvrage servant d'introduction au traité des délits, des peines et des procédures en matière d'eaux et forêts, de la chasse et de la pêche, par M. DRALET, conservateur du treizième arrondissement forestier. 1812, 2 vol, in-8º, à Paris, chez Arthus Bertrand.

Voyez Traité des délits, n. 235.

266. **De l'aménagement** et de l'exploitation des forêts qui appartiennent aux particuliers, par M. NOIROT, arpenteur vérificateur près la conservation forestière de Dijon. 1812, in-12, à Paris, chez Arthus Bertrand.

267. — **Traité** du cubage des bois, ou Nouveaux tarifs pour cuber les bois, précédés d'instructions tant sur les mesures de solidité, d'après le système métrique, que sur la manière de cuber les différentes espèces de bois et de mesurer le bois de chauffage, etc., suivis du mode d'exécution des lois et réglements pour l'empilage du bois de chauffage, par M. P.-E. HERBIN DE HALLE. 1812, in-12 avec 1 pl. et deux tableaux, à Paris, chez Lhuillier.

268. — **Essai** sur les phénomènes de la végétation, expliqués par les mouvements de sèves ascendantes et descendantes, par M. FÉBURIER. 1812, in-8º, à Paris, chez Mᵐᵉ Huzard.

269. — **Premier et second mémoires** et observations sur l'arrangement et la disposition des feuilles ; sur la moëlle des végétaux ligneux et sur la conversion des couches corticales en bois, par M. PALISSOT-BEAUVOIS. 1812, in-4º de 44 pages et 4 pl., à Paris.

Extrait des Mémoires de l'Académie des sciences de l'Institut.

270. — **Des bois** propres au service des arsenaux de la marine et de la guerre, ou Développement et rapprochement des lois, réglements et instructions concernant la recherche, le martelage et l'exploitation des arbres propres aux constructions navales, de l'artillerie, etc.; accompagné de 40 planches, gravées et enluminées, représentant les arbres qui fournissent les diverses pièces de construction, par P.-E. HERBIN DE HALLE, approuvé par M. le comte de Bergon, conseiller d'État à vie, directeur de l'Administration des eaux et forêts. 1813, in-8º, avec 40 pl., de l'imprimerie de Perronneau, à Paris.

271. — **Dissertation** sur la culture des sapins, par don LOUIS DE FORNAÏNI, abbé de Valombreuse, traduite de l'italien,

par M. des ACRES-FLEURANGE. 1813, in-8°
de 48 pages, à Paris, chez M. de Sourdon.

272. — Description des Pyrénées,
considérées principalement sous les rapports
de la géologie, de l'économie politique, rurale et forestière, de l'industrie et du commerce, par M. DRALET. 1814, 2 vol. in-8°,
avec cartes et tableaux, à Paris, chez Arthus
Bertrand.

273. — Projet de Code rural, revu
et augmenté d'après les observations des commissions consultatives. 1814, in-4°, de l'imprimerie royale.

Ce *Projet* de Code rural comprenait la législation forestière; c'est l'œuvre du baron *Joseph de
Verneilh-Puiraseau*, qui avait été chargé de le
rédiger, par M. le comte Cretet, ministre de l'intérieur sous l'Empire.

274. — Mémoire sur les obstacles qui
s'opposent à l'amélioration de l'agriculture
et de la reproduction des bois, par M. S.-C.
PETIT, maire d'Aulnay (Haute-Marne). 1814,
in-8° de 16 pages, de l'imprimerie de Cousot,
à Chaumont.

275. — Traité de l'agriculture des bois,
d'après les principes de la physique végétale,
et vues économiques sur l'administration et
la juridiction des eaux et forêts de la couronne; avec une Instruction sur les bois propres aux constructions navales. — Ouvrage
utile à toutes les personnes qui veulent acquérir des connaissances dans les eaux et
forêts, et dans les bois propres aux constructions de tous genres, dédié à Son Altesse
Royale Monsieur, frère du Roi, par M. C.-H.
BONNET, ancien officier des eaux et forêts,
auteur de plusieurs ouvrages sur cette partie et sur la physique végétale: 1814, in-12, à
Paris, chez Lenormant.

L'on trouve en regard du frontispice cette note
que nous reproduisons intégralement :

« Ce traité contient la méthode de semer, planter et cultiver les taillis et les hautes futaies;
l'analyse du chêne et des autres essences de bois,
dans toutes leurs parties; la culture et l'érection
des pépinières; la plantation des biens communaux, chemins vicinaux, grandes routes royales,
et généralement toutes les plantations des terres
vaines et vagues appartenantes, soit au domaine
du roi, soit aux communautés d'habitants, soit
même aux particuliers.

» On y traite également de l'administration des
bois et forêts chez les anciens peuples, pendant
les différents règnes des rois de France, et les
innovations introduites dans cette partie depuis la
Révolution, notamment la juridiction contentieuse.

» On trouvera, en outre, dans cet ouvrage
beaucoup de notes, remarques et observations sur
les innovations, les actes de despotisme et les injus-
tices commises dans l'intéressante partie des eaux
et forêts, pendant l'usurpation du trône de saint
Louis par Buonaparte. »

276. — Mémoire sur l'administration
et sur l'aménagement des forêts, par M. JAUME
SAINT-HILAIRE. 1814, in-8°, de 32 pages, à
Paris, chez Egron.

277. — Essai d'une monographie des
saules de la Suisse, par M. N.-C. SÉRINGE.
1815, in-8° de 108 pages et 2 pl., à Berne.

278. — Histoire d'un morceau de bois,
précédée d'un essai sur la sève, considérée
comme le résultat de la végétation, etc., par
M. AUBERT-AUBERT DU PETIT-THOUARS, directeur de la pépinière du roi, au Roule. 1815,
in-8°, avec 1 pl., à Paris, chez l'auteur; chez
Gueffier.

279. — Observations sur les semis
et les plantations de quelques arbres utiles,
sur les bois propres à l'artillerie et aux constructions navales, avec des indices pour juger
de l'état et de la qualité des bois, par
M. LYONNET, bibliothécaire du Conservatoire des Arts-et-Métiers, ex-agent forestier
de la marine. 1815, in-8°, de 48 pages, à Paris, chez Mme Huzard.

280. — Mémoire sur la pesanteur spé-
cifique des bois, sur le cordage des bois de
chauffage; sur les différences en solidité et
poids de la corde, suivant les espèces de bois,
la forme et la grosseur des bûches et leur
desséchement, par M. J.-J. BAUDRILLART.
1815, in-8°, à Paris, chez Arthus Bertrand.

281. — Mémoire sur la nécessité d'é-
tendre aux bois des particuliers, notamment
des grands propriétaires, les bois établis pour
l'administration des forêts royales, des communes et des établissements publics, et pour
la répression des délits qui s'y commettent, par
M. VAUTRIN. 1816, in-4°, de l'imprimerie de
Tastu, à Paris.

282. — Considérations sur les impo-
sitions indirectes, le remplacement des con-
trôles et des exercices, et sur les moyens de
suppléer à l'insuffisance des contributions par
la vente successive des petites forêts de l'E-
tat, etc., par M. CHARLES-HENRI SCHATTEN-
MANN, de Strasbourg. 1816, in-4°, de 32 pages,
à Paris, chez Foucauld.

283. — Traité sur la culture des pépi-
nières et des arbres de haute futaie, par
M. MAXIME MATHOREZ, né au Pont de
Briques. 1816, in-8°, de 40 p. à Boulogne, chez
Griset.

**284. — De la plantation du mé-
lèze** (*Pinus larix*), d'après des observations
faites en Ecosse par M. G.-L.-M. 1816, in-8°,
de 16 pages, de l'impr. d'Hautel, à Paris.

Par M. G. *Laing-Meason*.

285. — Réflexions d'un citoyen qui

n'est ni rentier, ni propriétaire de biens nationaux , ni créancier de l'Etat, et encore moins capitaliste, sur la vente de quatre cent mille hectares de bois nationaux et de bois communaux. 1816, in-8°, de 16 pages, de l'impr. de Mme Agasse.

286. — **Note** sur la restitution au clergé des bois non vendus. 1816, in-8°, de 8 pages, de l'impr. de Doublet, à Paris.

287. — **Les forêts de la France**, leurs rapports avec les climats, la température et l'ordre des saisons, avec la prospérité de l'agriculture et de l'industrie, suivis de quelques considérations sur leur aliénation par le domaine, par M. le baron ROUGIER DE LA BERGERIE. 1817, in-8°, à Paris, chez Bertrand.

Ce volume renferme plusieurs pièces authentiques adressées, par les autorités locales, à l'Administration centrale, sur la dévastation des forêts en 1792, et sur les conséquences de ces dévastations.

288. — **Nouvelles observations** sur la vente des bois de l'Etat, par M. ETIENNE MARTEL. 1817, in-8°, de 12 pages, de l'impr. de Dondey-Dupré, à Paris.

Voyez *Nouvelles observations*, n° 304.

289. — **Code du commerce** des bois et de charbons, pour l'approvisionnement de Paris, ou Recueil général de tous les arrêts du Conseil, arrêts de réglemens, sentences du bureau de la ville, édits, déclarations, lettres patentes, ordonnances, lois, décrets, arrêtés, ordonnances de police et autres actes de l'administration , relatifs au commerce de bois et de charbons, pour l'approvisionnement de Paris, avec quatre cartes géographiques, par M. DUPIN, avocat, conseiller de la compagnie des marchands de bois et de charbons. 1817, 2 vol. in-8", à Paris, chez Guillaume et comp.

M. Dupin a reproduit dans son code du commerce des bois, et à sa date, l'édit de Louis XIV de 1669, sur le fait des eaux et forêts, qu'il accompagne de la note suivante que nous copierons à cause de son utilité. « Cette ordonnance, dit-il, a eu grand nombre d'éditions; mais la plupart étaient incorrectes, ou, pour mieux dire, il n'y en a pas une seule qui ne fourmille de fautes. Frédéric Léonard, qui a donné une fort belle édition in-fol. de l'ordonnance de 1672, au lieu d'apporter le même soin à celle de 1669, y a mis tant de précipitation, que le débit en a été défendu par arrêt du conseil du 14 septembre 1669. Pierre Le Petit, Jacques Langlois, Damien Foucault et Sébastien Cramoisy, ayant obtenu le privilége d'imprimer cette ordonnance, en ont donné une édition in-12 en 1753, qui porte un frontispice : Par la *Compagnie des libraires associés* ; mais elle renferme encore une *foule de fautes* qui se trouvent relevées dans un *errata* de six pages, qui paraît être le fruit d'une collation exacte de l'imprimerie avec la *minute originale* (*), ainsi que le porte le certificat de cette collation, délivré, le 4 mai 1753, par MM. Rousselet et Coqueley de Chaussepierre, *à ce commis par M. le Chancelier.* Cette édition ainsi vérifiée m'a paru mériter toute confiance, et je m'y suis exactement conformé, en m'aidant de l'*errata*. Ce qui m'a étonné, c'est que Jousse, dont le commentaire sur l'ordonnance de 1669 est justement estimé , a travaillé sur un texte vicieux qui reproduit toutes les fautes indiquées dans l'*errata* de l'édition de 1733. Boucher, dont les éditions in-32 sont en général assez exactes, a répété toutes ces fautes. J'ai mis tous mes soins à les faire entièrement disparaître de mon édition. »

290. — **Mémoire** pour les engagistes de bois taillis et de futaie. 1817, in-4° de 20 p., de l'imprimerie de Rougeron, à Paris.

291. — **Essai** sur la question des bois du clergé, *par un homme* qui est *chrétien, royaliste* et *français*, ou Dialogue entre un *ultra* et son antipodien ministériel, tous deux gens assez raisonnables, car il y en a dans toutes les nuances d'opinions. 1817, in-8° de 24 p., de l'imprimerie de Crapelet, à Paris.

292. — **Réflexions d'un ancien forestier**, tant sur l'abolition des bois domaniaux et de ceux concédés à titre d'engagement, que sur le mode d'administration formant la dotation de la couronne. 1817, in-8° de 44 pages, de l'imprimerie de Lefèvre, à Paris.

293. — **De la vente** des bois appartenant au clergé, en réponse à quelques phrases des discours de MM. de Saint-Cricq, de Corvetto et Beugnot. 1817, in-8° de 16 pages, à Paris, chez Dentu.

294. — **Essai** sur le défrichement des landes et le desséchement des marais, par M. AVROUIN-FOULON, maire de Semblançay. 1818, in-8° de 40 pages, de l'imprimerie de Letourmy, à Tours.

295. — **Voyage** agricole, botanique et pittoresque, dans une partie des landes de Lot-et-Garonne et de celles de la Gironde, par M. SAINT-AMANS. 1818, in-8° avec une pl., à Agen, chez Noubel ; à Paris, chez Ledoux et Tenré.

296. — **Observations et améliorations** sur quelques parties de l'agriculture dans les sols sablonneux, tels que le Gatinais, la Sologne, les Landes, etc., d'après les expériences faites en grand, par M. le comte d'OURCHES, maréchal de camp. 1818, in-8° de 176 pages, à Paris, chez Mme Huzard.

297. — **Ministère de l'Intérieur.**

(*) La *minute originale* ne porte pas le titre d'Ordonnance, mais celui d'*Édit.* D. A. J.

— Note sur la culture et les usages du pin-laricio de Corse. 1818, in-8° de 4 pages, à Paris, chez Mme Agasse.

Extrait du *Moniteur* du 11 avril 1818.

298.—**Régénération de la nature végétale**, ou Recherches sur les moyens de recréer dans tous les climats les anciennes températures et l'ordre primitif des saisons, par des plantations raisonnées, appuyées de quelques vues sur le ministère que la puissance végétale semble avoir à remplir dans l'harmonie des éléments, par F. A. RAUCH, ingénieur en retraite. 1818, 2 vol. in-8, à Paris, chez P. Didot aîné, et chez Mongie aîné.

Reproduction avec développement du n° 199, Harmonie hydro-végétale.

299. — **Observations** sur l'exploitation et l'aménagement des forêts de sapins, par M. RÉMOND, ancien inspecteur des eaux et forêts dans le département du Jura. 1818, in-8° de 16 pages, de l'imprimerie de Doublet, à Paris.

300. — **Essai** sur la greffe de l'herbe des plantes et des arbres, par M. le baron DE TSCHUDY, bourgeois de Glaris. 1819, in-8° de 64 pages et un pl., de l'imprimerie de Mme Verronais, à Metz.

301. — **Dialogue** entre plusieurs maires du département des Landes et un agriculteur, amateur des défrichements des landes et terres vagues, et desséchements des marais et lagunes, par M. J.-B. SAINTOURENS, expert du cadastre, à Tartas. 1819, in-8° de 16 p., à Paris, chez Michaud.

L'agriculteur dont il s'agit est, en outre, grand amateur des plantations. *Défricher*, c'est mettre en culture, conséquemment *planter* des terres vaines et vagues, c'est cultiver ; c'est donc abusivement que l'on dit souvent *défricher* pour *déboiser*. Quand, dans les titres des livres mentionnés, ce mot aura cette dernière signification, nous en préviendrons le lecteur.

302. — **Instructions** pour les gardes généraux forestiers à cheval et particuliers, par M. PHILIPPE DE SAINT-BRICE. 1819, in-12 de 48 pages, de l'imprimerie de F. Marie, à Rouen.

303 — **Considérations** sur les forêts, sur la nécessité et sur les moyens d'augmenter la valeur de leurs produits, par M. NOINOT. 1819, in-8° de 72 pages, à Paris, chez Arthus Bertrand.

304. — **Nouvelles observations** sur la vente des bois et autres moyens de crédit, publiées par ET. MARTEL. 1819, in-8° de 32 pages, de l'imprimerie de Dondey-Dupré, à Paris.

Voyez *Nouvelles observations*, n° 288.

305. — **Projet** de code rural et de code forestier, par M. ARDENT, maître des requêtes. 1719, in-8°, à Paris, chez Testu et comp.

Chaque projet de code a sa pagination particulière.

306. — **Mémoire** des propriétaires de bois de plusieurs départements de l'intérieur, sur une ordonnance rendue, le 24 février 1317, par M. le préfet de police pour la vente des charbons qui s'expédient par terre à Paris. 1819, in-8° de 28 pages, de l'impr. de Lebègue, à Paris.

307. — **Projet de boisement** des Basses-Alpes présenté à S. E. le ministre secrétaire d'État de l'intérieur, par M. P.-H. DUGIED, ex-préfet de ce département. 1819, in-4° de 116 pages, de l'impr. royale à Paris.

308. — **Éléments de chimie agricole**, en un corps de leçons, pour le comité d'agriculture, traduit de l'anglais, de sir JOHN HUMPHRY DAVY, par A. BULOS. 1819, 2 vol. in-8, avec 8 pl. à Paris, chez Ladrange, chez Lheureux. — Autres traductions :

— **Éléments de chimie** appliquée à l'agriculture, suivis d'un Traité sur la chimie des terres, par sir HUMPHRY DAVY, traduits littéralement de l'anglais, et augmentés de notes et d'observations pratiques, par M. MARCHAIS DE MIGNEAUX, avec six planches. 1820, in-12, à Paris, chez Audin. —Ces éléments de chimie ont été réimprimés sous le titre de : — Nouveau Manuel de chimie agricole, traduit sur la cinquième édition anglaise des éléments de chimie agricole de sir HUMPHRY DAVY, avec les notes de JOHN DAVY, sur des faits connus seulement depuis 1826, par A.-D. VERGNAUD, capitaine d'artillerie. Ouvrage orné de figures. 1838, in-18, chez Roret.

Cet ouvrage contenant l'exposé de l'action des divers agents de la nature sur la végétation, nous avons dû le mentionner ici. Il expose aussi les divers procédés en usage pour l'analyse des sols. — Cette expression de *chimie appliquée à l'agriculture* n'est pas d'importation anglaise ; déjà un français, *André-Antoine Gentil*, s'en était servi comme le prouve l'ouvrage d'hygiène végétale qu'il a publié sous le titre de : *Premier essai d'agronomie* ou *diététique générale des végétaux et application de la chimie à l'agriculture*. 1777, in-8°, à Dijon.

309. — **L'Art forestier**, par CHRISTOPHE OPOIX, ancien garde général des eaux et forêts, à la résidence de Crécy, département de Seine-et-Marne. 1819, in-8° de 20 pages, de l'imprimerie de Dubois-Berthault.

Cet art forestier est en vers ; il porte pour épigraphe : « *Si canimus silvas, silvæ sint principe dignæ.* » Il contient 342 vers hexamètres dont nous ne citerons que les deux premiers :

Colbert par un édit approuvé de son roi,
Affranchit les forêts de la commune loi.

310. — **Mémoires** pour servir à l'histoire naturelle des Pyrénées et des pays adjacents, par M. PALASSOU. 1819, in-8°. de l'imprimerie de Vignancour, à Pau. — Suite auxdits *Mémoires.* 1819, in-8°, de l'imprimerie du même. — Supplément auxdits *Mémoires.* 1821, in-8°, à Pau, chez Vignancour; à Paris, chez Arthus Bertrand.

311. — **Mémoire** sur la culture des pins et sur leur aménagement, leur exploitation et les divers emplois de leurs bois, par LOUIS GERVAIS DE LA MARRE, propriétaire cultivateur forestier. 1820, in-8°, de l'imprimerie de Mme Huzard, à Paris.

Réimprimé sous le titre de :

Traité pratique de la culture des pins à grandes dimensions, de leur aménagement, de leur exploitation et des divers emplois de leurs bois. 2e édition augmentée d'un appendice sur les cèdres du Liban, les mélèzes et les sapins. 1826, in-8°, à Paris, chez Mme Huzard. — 3e édition avec des notes de MM. MICHAUX et VILMORIN. 1831, in-8°, à Paris, chez Mme Huzard.

Voyez *Historique*, no 372, publication qui se rattache au *Traité* ci-dessus.

312. — **De l'Administration** publique des forêts (signé BRÉVILLIER). 1820, in-8° de 28 pages, de l'imprimerie de Bachot, à Nancy.

313. — **Traité des forêts** d'arbres résineux sur les montagnes de France et terrains adjacents, par M. DRALET, ouvrage faisant suite à la deuxième édition du Traité de l'aménagement des bois et forêts. 1820, in-12, à Toulouse, chez Vieussieux ; à Paris, chez Mme Huzard.

Voyez : *Traité de l'Aménagement*, n° 234.

314. — **Mémoire sur la destruction des forêts,** sur les effets qui en résultent, et sur les moyens de réparer leurs pertes, par A.-J.-B.-L. DOULCET, ancien officier d'artillerie. 1821, in-8 de 36 pages, de l'impr. de Lecoq, à Auxerre.

315. — **Influence météorologique des montagnes et des forêts.** — Réponse à quelques questions adressées par le ministre de l'intérieur, par M. MOREL, juge de paix du canton de Lavelanet (Ariége). 1821, in-8°. — 2me édit., imprimée dans les *OEuvres* de l'auteur. 1840, in-8°, à Foix, chez Pamiez.

C'est une réponse à la circulaire ministérielle du 25 avril 1821, laquelle circulaire, adressée aux préfets, demandait si les variations subites dans la température et les inondations extraordinaires doivent être attribuées au déboisement des montagnes. La réponse de M. Morel est loin d'être catégorique, attendu que plaisanter une circulaire ministérielle n'est pas y répondre. Cet écrit est, du reste, dénué de tout intérêt; ce n'est qu'une diatribe contre la météorologie ; à peine y est-il parlé de montagnes et de forêts.

316. — **Rapport sur le danger du déboisement des montagnes** de la Clape, tant pour l'agriculture que pour la salubrité, fait à la société d'agriculture de Narbonne, au nom d'une commission, par J.-S.-E. JULIA DE FONTENELLE, pharmacien. 1821, in-8°. de 64 pages de l'impr. de Caillard, à Narbonne.

317. — **Petit mémorial statistique des forêts** du royaume pour l'année 1821 ; contenant l'organisation tant du personnel que du matériel, terminé par une Table générale alphabétique de tous les préposés de l'administration des forêts, depuis le grade de conservateur jusqu'à celui inclus de garde à cheval, et y compris les arpenteurs. 1821, in-18, à Paris, au bureau de l'Almanach du Commerce. Par P.-E. HERBIN DE HALLE.

Ce *petit mémorial* a paru pour les années 1822, 23, 24, 25, 28, 34. Cette dernière édition contenant des augmentations notables, nous allons en donner le titre complet : — *Mémorial statistique et administratif des forêts du royaume, pour l'année* 1834 (6e année), contenant : 1° l'organisation tant du matériel que du personnel de l'administration des forêts de l'État, des communes et des établissements publics et de celle de la liste civile, du domaine privé du roi et de la maison d'Orléans, et de S. A. R. le duc d'Aumale ; indiquant la population, l'étendue territoriale, celle des forêts ; leurs propriétaires, et les noms, grades, résidences et arrondissements des préposés forestiers; — 2° La louveterie et le tableau nominatif par sous-préfectures, départements et arrondissements forestiers des lieutenants de louveterie ; — 3° Les circonscriptions dans lesquelles les agents de la marine sur e llent les fournitures des bois propres aux constructions navales, avec l'indication des ports auxquels ces bois sont destinés ; les noms, grades, résidences et arrondissements des agents maritimes et des fournisseurs chargés de ce service, etc. — Précédé d'un APERÇU STATISTIQUE DES FORÊTS, et terminé par une table alphabétique, etc., par *P.-E. Herbin de Halle*, chef de bureau (1re C.) à l'administration des forêts. 1844, in-18 de 432 p., au bureau de l'Almanach du Commerce.

Pour la description des forêts de France et leur étendue approximative, l'on peut consulter utilement les histoires des anciennes provinces de France, les histoires des diocèses et les histoires générales de l'Eglise ; la carte de France de Cassini est encore précieuse à consulter pour l'état des forêts de France au XVIIe siècle ; — Pour les temps présents, celle publiée par le dépôt de la guerre donne la topographie des bois et forêts actuels et même celle des buissons, bosquets, boquetaux, remises ou garennes (1).

318. — Encyclopédie méthodique. Agriculture. Tome VIIme. — Dictionnaire des arbres et de l'aménagement des forêts, par MM. Bosc et Baudrillart, employés supérieurs de l'administration forestière. 1821, in-4o, à Paris, chez Mme Agasse.

Les articles fournis par Baudrillart sont signés de lui; ce sont, en partie, des articles traduits des dictionnaires forestiers allemands.

319. — Mémoire sur l'importance du frêne commun, par M. J.-B. Francoz. 1821, in-8o, à Annecy.

320. — Traité général des eaux et forêts, chasses et pêches, composé d'un Recueil chronologique des réglements forestiers, d'un dictionnaire des eaux et forêts et d'un dictionnaire des chasses et pêches ; avec un atlas contenant un grand nombre de tableaux et figures, par M. J.-J. Baudrillart, chef de division à l'administration forestière.

Ce traité général des eaux et forêts se divise ainsi actuellement :

1re partie : — Recueil chronologique des réglements forestiers, contenant les ordonnances, édits, déclarations des rois de France ; les arrêts du conseil et des cours souveraines ; les lois, arrêtés du Gouvernement, décrets, ordonnances du roi, arrêts de la cour de cassation, décisions ministérielles, circulaires et instructions administratives, depuis 1219 jusqu'en 1824. tome 1er, 1821, in-4o, à Paris, chez Arthus Bertrand.

Ce recueil forme aujourd'hui 8 vol. in-4o. Baudrillart en a été l'éditeur jusqu'en 1829 inclusivement.— Les tomes 1er et 1Ie comprennent les actes législatifs depuis 1515 jusqu'en 1821, et non depuis 1219. Depuis 1219 jusqu'à 1508 Baudrillart n'en donne, et pas toujours d'une manière exacte, que les intitulés, en renvoyant pour les textes à Sainct-Yon, qui, dans son recueil, a morcelé, défiguré les édits et ordonnances, etc. — Le tome 1IIe comprend les années 1822 à 1827 inclus. Le tome 1Ve, les années 1828 à 1833 inclus. Le tome Ve, les années 1834 à 1837 inclus. Le tome V1e, les années 1838 à 1842 inclus. Le tome V1Ie, les années 1843-44-45. Les années 1846 et 1847 sont les dernières publiées. C'est Herbin de Halle qui a publié les années 1830 et suivantes jusques et y compris 1842, avec le concours d'une réunion d'employés supérieurs de l'administration centrale des eaux et forêts. Ce recueil a été continué depuis 1843

(1) C'eût été sortir de notre cadre et grossir démesurément notre Bibliographie, que de mentionner tous les articles sur les forêts, l'art et l'économie sylvicoles qui se trouvent imprimés dans divers recueils. Nous avons dû nous borner à indiquer ceux d'entre eux qui ont été imprimés à part.

par M. *Théodore Chevalier*, avocat aux conseils du roi.

Le prix de la collection de ce volumineux recueil est de **272 fr. 60 c.** !

2me partie : — Dictionnaire général et raisonné et historique des eaux et forêts, contenant l'analyse des lois, ordonnances, arrêts et instructions concernant l'administration, la police et la conservation des forêts ; les diverses méthodes de culture, d'aménagement et d'exploitation ; l'exposé des principes de droit, d'architecture navale, de botanique, de minéralogie, de physique, de mathématiques et d'arpentage, appliqués à l'économie forestière, avec l'étymologie et l'explication des termes forestiers et autres employés dans l'ouvrage. 1823-1825. 2 vol. in-4o avec atlas, prix : 60 fr., à Paris, chez Arthus Bertrand.

3me partie : — Dictionnaire des chasses, contenant l'histoire de la chasse chez les différentes nations, le précis des ouvrages anciens et modernes qui en ont traité ; la description des animaux qui font l'objet de la grande et de la petite chasse ; celle des armes, instruments, pièges, filets, engins et procédés de toute espèce employés dans cet art ; l'explication des termes de chasse, ainsi que les lois et les dispositions réglementaires sur l'exercice de la chasse dans les bois et en plaine, par M. *Baudrillart*, chef de division à l'administration forestière. Ouvrage revu, corrigé et augmenté sur le manuscrit par M. *de Quingery*, ancien chef de bureau à l'administration de la vénerie et des chasses de Sa Majesté Charles X. 1834, in-4o avec atlas 45 fr., à Paris, chez Arthus Bertrand.

4me partie : — Dictionnaire des pêches, contenant l'histoire des poissons, l'explication des termes de pêche et de navigation ; la description des appâts, instruments, filets, engins et procédés de toute espèce, qui sont employés pour prendre le poisson, avec les dispositions réglementaires tant de la pêche fluviale que sur la pêche maritime. 1827, in-4o avec atlas 34 fr., à Paris, chez Arthus Bertrand.

321. — Notice sur le chêne-chapelle d'Allouville, dans le pays de Caux, par M. A.-L. Marquis, D.-M.-P. 1822, in-8o, de 24 pages, de l'impr. de Periaux à Rouen. — Nouv. édit. 1827, in-8o, de 8 pages et 1 pl., de l'impr. de Baudry, à Rouen.

322. — Formulaire alphabétique des gardes champêtres, gardes forestiers, etc., par M. Dufour. 1822, in-12, à Paris, chez Bavoux.

323. — Petit Manuel forestier contenant l'analyse des lois, réglements, etc., avec les modèles des différents procès-verbaux, etc., par P.-E. Herbin de Halle. 1822, in-18, à Paris, chez Bottin. — 2me édit. 1824, in-18. — 3me édit. entièrement refaite et publiée sous ce titre :

Petit manuel forestier contenant l'analyse raisonnée, par ordre de matières, du Code forestier, de l'ordonnance réglementaire pour son exécution, ainsi que des lois et réglements, avis du conseil d'Etat, arrêts de la cour de cassation, décisions ministérielles, instructions et circulaires de l'administration en ce qui concerne :

1º Le régime forestier auquel sont soumises toutes les forêts du royaume ;

2º Les fonctions et obligations des préposés de tous grades ;

3º Les délimitations, bornage et aménagements des forêts ;

4º Les exploitations et adjudications de coupes ordinaires et extraordinaires tant dans les bois de l'Etat, que dans ceux appartenant aux communes et aux établissements publics ;

5º Les repeuplements, plantations, améliorations et défrichements ;

6º Le pâturage et les extractions de minerais et autres substances dans les forêts ;

7º Les affectations et droits d'usage ;

8º Les constructions d'usines et autres bâtiments dans l'étendue et aux rives des forêts ;

9º La recherche et le martelage des bois propres aux constructions navales ;

10º La pêche dans les fleuves, rivières et ruisseaux ;

11º La constatation et poursuite des délits en matières d'eaux et forêts ;

Avec le tarif des amendes à prononcer par arbre, d'après la grosseur et essence, ainsi que le tableau résumé des amendes et des peines applicables aux délits pour faire connaître les cas où le concours de *deux* gardes ou d'un seul avec un témoin est nécessaire pour la validité des procès-verbaux. 3me édit. par P.-E. HERBIN DE HALLE, sous-chef de la deuxième division de la direction de l'administration des forêts. 1827, in-18 de 506 pages, à Paris, au bureau de l'Almanach du Commerce.

Réimprimé sous le titre de : Manuel forestier et 4me édit. 1832, in-12, à Paris, au bureau de l'Almanach du Commerce.

324. — **Lois forestières**, avec les lois sur la chasse et la pêche ; extraites de la collection in-4º, dite du Louvre, et du Bulletin des lois ; Recueil composé pour la commodité des fonctionnaires publics et des citoyens, suivant le plan tracé par l'avis du conseil d'Etat, du 7 janvier 1813 ; avec un *Appendice* contenant l'analyse des arrêts de la cour de cassation, et des décisions administratives intervenues en matière d'eaux et forêts, etc., par M. DUPIN, docteur en droit, avocat à la cour royale de Paris. 1822, in-8º, à Paris, chez Guillaume.

325. — **Rapport à la société d'agriculture de Nérac** sur les dégâts commis dans les bois de Surriers par la chenille *Bombix dispar* ; lu, le 5 mai 1822, par

M. DE BRISAC. 1822, in-8º de 30 pages, à Agen, chez Noubel.

326. — **Avantages** qui pourraient résulter de la multiplication de quelques arbres et arbustes. — Propagation et produits des bois, par M. BIGOT DE MOROGUES.

Ces deux écrits se trouvent imprimés dans l'*Essai* du même auteur *sur les Moyens d'améliorer l'agriculture en France*. 1822, in-8, à Paris, chez Tourneux, Huzard-Courcier.

327. — **Chimie appliquée à l'agriculture**, par M. le comte CHAPTAL. 1823, 2 vol. in-8º, à Paris, chez la même. 2me édition. 1829, 2 vol. in-8o, chez la même.

Ainsi que nous en avons déjà fait l'observation, les ouvrages de chimie agricole parlent des diverses natures des terres et exposent les principes de la végétation.

328. — **Manuel des propriétaires** et régisseurs de bois et forêts, ou Recueil des lois et réglements relatifs aux bois des particuliers, à la chasse, à la pêche, aux mines, etc., par M. NOIROT. 1823, in-12, à Dijon. — Nouv. édition. 1829, in-12, à Dijon, chez Lagier ; à Paris, chez Malher et comp.

329. — **Traité élémentaire** de physique végétale appliquée à l'agriculture, par M. JOSEPH BOSC, vice-président de la société d'agriculture et des arts du département du Doubs, sans date. (1824), in-8o, à Paris, chez Mme Huzard ; à Besançon, chez Deis.

Quoique par demandes et réponses, ce petit traité de physique végétale (l'on dit préférablement aujourd'hui *Physiologie végétale*) est très-instructif, en ce qu'il indique les principes de la végétation, et les diverses natures de sols, dans un langage clair et à la portée des cultivateurs et des plus humbles sylviculteurs.

330. — **Traité des arbres forestiers**, ou Histoire et description des arbres indigènes ou naturalisés dont la tige a de trente à cent vingt pieds d'élévation et sert aux constructions civiles et navales, par M. JAUME-SAINT-HILAIRE ; ouvrage précédé d'une *Instruction* sur la culture des arbres par M. THOUIN, professeur au jardin du roi, et orné de figures imprimées en couleur et retouchées au pinceau. 1824, in-4º, avec 90 pl. coloriées, à Paris, chez l'auteur.

331. — **Essai sur la réforme du Code forestier**, par M. J.-A. MASSON, agent forestier. 1824, in-4º, de 88 pages, de l'impr. de Lecoq, à Auxerre.

332. — **Traité du hêtre** et de son aménagement, comparé à celui du chêne et des arbres résineux, par M. DRALET. 1824, in-12, à Paris, chez Mme Huzard.

333. — **Traité de la législation rurale et forestière**, par M. L.-J.-I.-P.

CAPPEAU, président de la cour royale d'Aix. 1824-26, 3 vol. in-8o, à Aix, chez Ricard.

334. — Sur la formation des arbres, naturelle ou artificielle. Lecture faite à la société d'agriculture, par M. AUBERT DU PETIT-THOUARS. 1824, in-8o de 16 pages, de l'imprim. de Gueffier.

335. — Sur la nécessité et les moyens de doter la marine en forêts de l'État. Lettre à M. Bajot, rédacteur des Annales maritimes et coloniales, par M. le baron DE MONVILLE, pair de France.

Imprimée dans les Annales maritimes et coloniales. 1824. 2e partie. — Cette lettre se divise en trois parties : *Etat des choses.—Aménagement.— Dotation de la marine.*

336.—Traité, ou méthode de cultiver les pins sauvages (*pinus sylvestris* de Linnée) d'une manière simple et peu dispendieuse, applicable aux terres incultes ou incultivables et rebelles à toute végétation, par M. F.-A. HUBERT, propriétaire amateur de l'agriculture. 1825, in-8o de 44 pages, à Paris, chez l'auteur, rue Saint-Gervais, 4.

337. — Ecole royale forestière. Cours d'histoire naturelle : *Arboretum* forestier. Essai d'une classification des arbres, arbrisseaux et arbustes qui composent les forêts de la France , comprenant tous les genres dont les espèces, auxquelles ils appartiennent sont indigènes ou ont été naturalisées, disposés d'après la méthode analytique de M. Lamarck ; suivi du tableau (latin et français) de l'école botanique forestière, par M. MASSON-FOUR, professeur à l'école forestière. 1825, in-8o de 40 pages, de l'imprim. de Bontoux, à Nancy.

338. — Premier mémoire en réponse à la question proposée par l'Académie royale de Bruxelles : « Quels sont les changements que peut occasionner le déboisement des forêts considérables sur les contrées et communes adjacentes, relativement à la température et à la salubrité de l'air, à la direction et à la violence des vents dominants, à l'abondance et à la localité des pluies d'où dérivent les sources et les eaux courantes, et en général à tout ce qui constitue son état physique actuel? » par M. A. MOREAU DE JONNÈS, officier supérieur d'état-major, à qui elle a décerné une médaille d'or. 1825, in-4o de 208 pages, à Bruxelles, chez P.-J. de Mat.

Extrait des Mémoires de l'Académie des sciences de Bruxelles. L'auteur, à l'appui de ses allégations, cite de nombreux faits empruntés à l'Amérique et à l'Asie. Peut-être eût-il été plus utile de citer des faits accomplis en France et dans les contrées les plus connues de l'Europe.

339. — Second mémoire en réponse à cette question : « Quels sont les change-ments que peut occasionner le déboisement des forêts considérables sur les contrées et communes adjacentes, relativement à la température et à la salubrité de l'air, à la direction et à la violence des vents dominants, à l'abondance et à la localité des pluies d'où dérivent les sources et les eaux courantes, et en général à tout ce qui constitue son état physique actuel? » par M. BOSSON, pharmacien à Mantes-sur-Seine. 1825, in-4o de 24 pages, à Bruxelles, chez P.-J. de Mat.

Extrait des Mémoires de l'Académie des sciences de Bruxelles. L'auteur de ce mémoire pose quelques principes incontestables, en déduit des conséquences, et conclut que des déboisements intempestifs peuvent modifier sensiblement la température, la quantité des pluies, la formation des sources et le cours des fleuves et rivières.

Ce mémoire a été réimprimé, sous le titre de : *Mémoire sur l'influence du déboisement des forêts.* 1825, in-8, à Paris.

340. — Lois fondamentales de la nature sur les semis et plantations, ou Règles universelles et invariables pour semer et planter avec un plein succès toutes les espèces de graines et d'arbres, quels que soient le climat, la qualité du terrain et l'exploitation, etc., par M. J.-S. LARDIER, de l'Académie de Marseille. 1825, in-8, à Marseille, chez Ant. Ricard.

Ces Lois fondamentales de la nature font partie d'un grand ouvrage entrepris par leur auteur sur les moyens d'améliorer l'agriculture en France ; elles ont été reproduites, en 1828, sous le titre un peu moins emphatique de *Nouveau traité théorique et pratique sur les semis et les plantations des arbres,* suivi d'une notice sur les moyens de prévenir la dégénération des arbres. in-8, à Paris, chez Pihan-Delaforest. Les pratiques qui sont enseignées dans cet ouvrage ne sont, en partie, applicables que dans le midi de la France.

341. — Mémoire sur le marronnier d'Inde, sur les produits et particulièrement sur le parti avantageux qu'on peut tirer de l'amidon ou fécule de son fruit extrait par un procédé particulier, par M. C. F. VENGNAUD.-ROMAGNESI. 1825, in-8 de 48 pages et 1 pl.

Le trait du dessin de cette planche, dit ce mémoire, a été transporté sur pierre au moyen du papier *autographique* préparé avec l'amidon du marron d'Inde. Dans son système de chimie organique, M. Raspail indique les moyens de rendre comestible le marron d'Inde.

342.—Recherches sur les moyens employés dans la marine anglaise pour la conservation des bois et vaisseaux, depuis les temps les plus reculés jusqu'à ce jour, et particulièrement pour les garantir de la maladie connue sous le nom de *pourriture* sèche, par JOHN KNOWLES, traduit par ordre du ministre de la marine. 1825, in-8, de l'imprimerie royale.

343. — **Notice sur un chêne extraordinaire** appelé *la cuve*, situé dans la forêt royale de Brothonce, département de l'Eure, par M. C.-A. DESHAYES, membre de la société des antiquaires de Normandie. 1826, in-8º de 8 pages, et 1 pl.; à Rouen, chez les principaux libraires.

344. — **Premier mémoire sur les lenticelles**, et sur le développement des racines qui en sortent, par M. DECANDOLLE. 1826, in-8º de 24 pages, de l'imprimerie de Fain à Paris.

345. — **Lois forestières**, ou Analyse méthodique et raisonnée des lois, avis du conseil d'Etat, réglements, arrêts et décisions concernant les eaux et forêt, la chasse et la pêche, la manière de constater les délits, les moyens d'en exercer la poursuite pour en assurer la répression, par M. H. GRASSET, garde général forestier de 1ʳᵉ classe de l'arrondissement de Nyons, département de la Drôme. 1826, in-8, de l'imprimerie de Gros, à Nyons.

346. — **Etudes administratives sur les Landes**, ou Collection de mémoires et d'écrits relatifs à la contrée renfermée entre la Garonne et l'Adour, par M. le baron D'HAUSSEZ, maître des requêtes au conseil d'Etat, ancien préfet du département de la Gironde. 1826, in-8, à Bordeaux, chez Cassiot aîné.

L'auteur de ces études est grand partisan des plantations dont il énumère, avec juste raison, tous les avantages qu'en tireraient les Landes. Quelques-uns de ses mémoires sont d'un grand intérêt pour l'agriculture en général.

347. — **Mémoire sur les plantations** dans le département du Nord, par M. LEROY, membre correspondant à Bailleul. — Ouvrage couronné (sans date, 1826), in-8 de 60 pages et 1 pl.

Extrait des mémoires de la société d'agriculture du département du Nord.

348. — **Mémoire sur les conifères et les cycadées**, ouvrage posthume de L.-C. RICHARD, professeur de botanique, etc., terminé et publié par ACHILLE RICHARD fils, docteur en médecine, professeur de botanique. 1826, in-4º, à Paris.

349. — **Notice sur une nouvelle espèce de Magnolia**, par M. SOULANGE-BODIN. 1826, in-8º de 12 pages, de l'imp. de Decourchant, à Paris.

350. — **Des droits des communes sur les biens communaux**, ou Examen historique et critique des démembrements des usages communaux, opérés autrefois sous les noms de réserves et de triages et aujourd'hui sous celui de cantonnement, par M. LATRUFFE-MONTMEYLIAN, avocat à la Cour royale de Paris. 1826, 2 vol. in-8º, à Paris, chez Delaforest.

Le 2ᵉ volume renferme sur les usages et les droits d'usage, des documents législatifs, qu'on ne pourrait se procurer qu'en compulsant un grand nombre de vieux légistes ou les vieux et énormes recueils d'édits et ordonnances.

351. — **Des forêts de la France** considérées dans leurs rapports avec la marine militaire, à l'occasion du projet de Code forestier, par M. DE BONARD, ingénieur de la marine. 1826, in-8º, à Paris, chez Mᵐᵉ Huzard.

Voyez nº 355, Code forestier, et l'article suivant.

352. — **Sur le projet de code forestier :** Compte rendu à la Société royale d'agriculture centrale de l'ouvrage de M. de Bonard, intitulé : *Des forêts de la France dans leurs rapports avec la marine militaire à l'occasion du projet de Code forestier*, par M. HÉRICART DE THURY, président de la Société. 1826, in-8º de 20 pages, de l'imprimerie de Mᵐᵉ Huzard, à Paris.

353. — **Mémoire sur la restauration des forêts**, par M. le comte DE RAMBUTEAU. 1826, in-8º de 30 pages, à Paris, chez Mᵐᵉ Huzard.

Extrait des *Annales de l'agriculture française.* 2ᵉ série, tome 33.

354. — **Les Landes en 1826,** ou Esquisse d'un plan général d'amélioration des Landes de Bordeaux, par M. J.-B. BILLAUDEL. 1826, in-4º, à Bordeaux, chez P. Coudert. — 2ᵉ édition. 1837, in-4º, à Paris, chez Carilian Gœury.

355. — **Code forestier.** Réponse à la lettre d'un inconnu sur le projet d'affecter 80,000 hectares de forêts à la marine royale, par M. DE BONARD, ingénieur de la marine, à l'appui de l'ouvrage intitulé : *Des forêts de la France dans leurs rapports avec la marine militaire.* 1827, in-8º de 72 pages, à Paris, chez Mᵐᵉ Huzard.

Voyez nº 351, *Des forêts de la France.*

356. — **Observations sur le nouveau Code forestier**, à l'appui d'une pétition présentée à la chambre des députés par plusieurs propriétaires et électeurs du département du Doubs. 1827, in-8º de 68 p., de l'imprimerie de Mᵐᵉ Daclin, à Besançon.

Ces observations sont de M. *Jacques Curasson,* avocat à Besançon.

357. — **Quelques observations sur l'approvisionnement des bois**

propres aux constructions navales, soumises à S. Exc. le ministre de la marine, à l'occasion du projet forestier, par MARION DE LA BRILLANTAIS, propriétaire. 1827, in-8o de 112 pages avec tableaux, à Paris, chez Urbain Canel.

358. — **Observations sur le projet de Code forestier**, adressées à MM. les députés des départements, par J.-R. S...., marchand de bois à Rouen. 1827, in-4o de 16 pages, de l'imprimerie de Setier, à Paris.

359. — **Examen de deux Mémoires de physiologie végétale**, lu dans la séance de l'Académie des sciences, le 26 mars 1826. 1827, in-8o de 32 pages, de l'imp. de Gueffier, à Paris. — A la suite de cet *Examen* se trouve : OBSERVATIONS SUR L'ENLÈVEMENT D'UN ANNEAU complet d'écorce, pour servir de réponse aux conséquences qu'en a tirées M. Dutrochet, lues à l'Académie des sciences, le 3 juin 1822. In-8o de l'imp. de Gueffier, à Paris.

360. — **Note sur l'article 153 du projet de Code forestier** et sur l'amendement relatif à cet article proposé par la commission de la chambre. 1827, in-8o de 4 pages, de l'imprimerie de Pihan-Delaforest.

361. — **De la préférence à accorder en Sologne** et dans les sols d'alluvions quartzeuses à la culture du pin maritime sur celle des pins d'Ecosse et Laricio, par M. le baron (Bigot) DE MOROGUES. 1827, in-8o de 16 pages, de l'imprimerie de Danicourt, à Orléans.

362. — **Code forestier**, suivi de l'ordonnance réglementaire et d'une table des matières. Édition imprimée sur l'édition originale et publiée par M. Baudrillart, chef de division à l'Administration des forêts. 1827, in-8o, à Paris, chez Arthus Bertrand.

Nous ne mentionnons cette édition du texte pur du Code forestier, qu'à cause de la table des matières et du nom de Baudrillart. A l'avenir, nous n'indiquerons que les éditions de ce Code accompagnées de commentaires ou de notes propres à en faciliter l'intelligence.

363. — **Code forestier**, précédé de la discussion aux chambres et suivi de l'ordonnance réglementaire ; avec un commentaire des articles du Code et de l'ordonnance ; ouvrage adopté par M. le conseiller d'État, directeur général des forêts et publié par M. BAUDRILLART, chef de division à l'Administration centrale des forêts ; tome 1er, contenant : 1o la préface de l'auteur ; 2o l'exposé des motifs du Code à la chambre des députés, par M. le vicomte de Martignac, ministre d'État ; 3o le rapport de M. le baron Favard de Langlade, au nom de la commission de la chambre des députés ; 4o la discussion à cette chambre, 5o l'exposé des motifs à la chambre des pairs, par M. le vicomte de Martignac ; le rapport de M. le comte Roy, ministre d'État, au nom de la commission de la chambre des pairs ; 6o la discussion à cette chambre ; tome 2me, contenant : le texte du Code forestier et celui de l'ordonnance réglementaire, accompagné de notes, ou d'un commentaire faisant connaître les sources où leurs dispositions ont été puisées, la conformité ou la différence de ces dispositions avec celles qui leur ont servi de types ; les motifs qui ont déterminé les rédacteurs à maintenir, modifier ou réformer ce qui existait ; les observations des Cours royales et des autorités administratives, et celles qui ont été faites aux chambres ; le sens dans lequel chaque disposition doit être entendue et exécutée, et enfin le système général de la nouvelle législation et les rapports de ses différentes parties entre elles. 1827, 2 vol. in-12, à Paris, chez Arthus Bertrand. — Le même Code, 2me édition, 1832, 2 vol. in-12, à Paris, chez le même libraire.

364. — **Notice sur les forêts du département de la Côte-d'Or**, par N. In-12 de 28 pages, de l'imprimerie de Noellat.

Extrait de l'*Annuaire de la Côte-d'Or*. — Cette notice est attribuée à M. Amanton, de Dijon.

365. — **Code forestier**, expliqué par les motifs et la discussion, contenant, etc., par M. A. CHAUVEAU. 1827, in-18, à Paris, chez Pichon-Béchet, chez Renduel.

366. — **Code forestier**, avec l'exposé de motifs, la discussion des deux chambres, des observations sur les articles et l'ordonnance d'exécution ; publié sous la direction de M. Favard de Langlade, rapporteur de la commission à la chambre des députés, chargée de l'examen du projet de ce Code, par M. BROUSSE, avocat à la Cour royale de Paris. 1827, in-8o, à Paris, chez Charles-Béchet. — 2me édit. revue, 1828, in-8o, chez le même.

367. — **Commentaire sur le code forestier**, suivi de l'ordonnance d'exécution avec une concordance des articles du code et de l'ordonnance et une conférence des lois abrogées ou subsistantes, nécessaires à l'interprétation du nouveau code, par MM. COIN-DELISLE et FRÉDÉRIC, avocats à la Cour royale de Paris. 1827-1828, 2 vol. in-8o, à Paris, chez Pélicier, chez Ladrange.

368. — **Code forestier annoté**, contenant, etc., par MM. CHARLES DE VAUX et JACQUES FOELIX, avocats. 1827, 2 vol. in-8o, à Paris, rue Hautefeuille, 20.

369. — **Code forestier**, conféré avec

la législation et la jurisprudence relative aux forêts, accompagné de l'exposé des motifs et des rapports faits aux deux chambres, de l'ordonnance, etc., d'un tableau chronologique et analytique des lois forestières depuis 1789 jusqu'en 1827, ainsi que des réglements concernant la chasse, la louveterie et la pêche et terminé par une table générale des matières, par M. L. GAGNEREAUX, vérificateur de l'enregistrement et des domaines. 1827, 2 vol. in-8°, à Paris, chez l'auteur, chez Lagier, chez P. Dupont.

370. — **Code forestier**, contenant le tarif des amendes, précédé des exposés de motifs et des rapports des commissions dans les deux chambres, suivi de l'ordonnance d'exécution, etc., etc., et des notices particulières sur l'état et l'aménagement des bois dans les départements composant la treizième conservation, par M. J.-B.-A.-H.-C.-M. GARIEL, conseiller à la Cour royale de Grenoble. 1827, in-8° avec tableaux, à Grenoble, chez Baratier.

371. — **Historique de la création d'une richesse millionnaire**, par la culture des pins, ou Application du traité pratique de cette culture, publié en 1826; et conseils aux héritiers de l'auteur de cette création pour l'utiliser dans tous ses avantages, par LOUIS-GERVAIS DELAMARRE. 1827, in-8°, avec 3 pl. coloriées, à Paris, chez Mme Huzard.

Voyez n° 311, *Mémoire....* Louis-Gervais Delamarre a légué ses cultures de pins à la Société centrale et nationale d'agriculture.

372. — **Considération sur l'estimation des bois** en fonds et en superficie, vue sous différents rapports et notamment sous celui de la contribution foncière, par J.-B.-F. FAISEAU-LAVANNE, ancien arpenteur-vérificateur. 1827. in-8° de 40 pages, de l'imprimerie de Gaultier-Laguionie, à Paris.

373. — **Du régime des bois communaux**, selon le nouveau Code forestier, pour servir de supplément au traité des biens communaux, par M. le Président HENRION DE PANSEY. 1827, in-8° de 40 pages, à Paris, chez Barrois père.

Le Traité des biens communaux et de la police rurale et forestière de M. *Henrion de Pansey* avait paru en 1825. In-8° de 72 pages, chez le même libraire.

374. — **Les forêts vierges de la Guyane française**, considérées sous le rapport des produits qu'on peut en retirer pour les chantiers maritimes de la France, les constructions civiles et les arts, par M. NOYER, ingénieur-géographe. 1827, in-8°, à Paris, chez Mme Huzard.

375. — **Cours de culture**, comprenant la grande et la petite culture des serres, celle des jardins, les semis et plantations, la taille, la greffe des arbres fruitiers, la conduite des arbres forestiers et d'ornement, un traité de la culture de la vigne et des considérations sur la culture des végétaux, par A. THOUIN, membre de l'institut et professeur au jardin du roi, publié par OSCAR LECLERC, professeur d'agriculture au Conservatoire des arts et métiers. 1827. 3 vol. in-8° et atlas in-4°, à Paris, chez Mme Huzard.

376. — **Précis sur la concession des forêts de l'État** en faveur des forges d'Abainville (Meuse), par MUEL-DOUBLAT, 1827, in-8° de 16 pages, de l'imp. de Lachevardière, à Paris.

377. — **Voyages dans les petits cantons** et dans les Alpes Rhétiennes, par C. KASTHOFER, grand forestier du canton de Berne, traduit de l'Allemand par FAZY-CASAL. 1827, in-8°, à Genève et à Paris, chez Barbezat.

L'auteur décrit les forêts des Alpes Rhétiennes, en fait connaître l'étendue et la nature des essences qu'elles renferment, et expose les divers modes de sylviculture, d'administration et d'exploitation forestières en usage dans chacun des cantons.

378. — **Note descriptive du bois Monsieur**, par GUION DE SAINT-VICTOR, propriétaire de bois. 1827, in-8° de 8 pages, à Toul, chez Carel.

379. — **Vocabulaire du Code forestier**, divisé en deux parties. La première donne à la fois les définitions simplifiées des termes forestiers, et la réunion, à chaque mot défini, de tous les textes législatifs et d'ordonnances qui s'y rapportent. La seconde contient les nombreux modèles des différents actes de poursuites, procès-verbaux et autres qui se font en exécution du Code forestier et de l'ordonnance réglementaire, par M. BIRET, jurisconsulte, ancien magistrat. 1828, in-8°, à Paris, chez Tournachon-Molin.

380. — **De la théorie actuelle de la science agricole** et des améliorations dont elle est susceptible : ouvrage présentant un mode d'enseignement pratique et formant trois parties distinctes, savoir : l'école botanique, celle d'horticulture et celle de culture forestière, par M. E. KLYNTON. 1828 et années suivantes, 3 vol. in-8°, à Gand, chez Mlle Mestre.

381. — **Commentaire sur le Code forestier**, suivi de l'ordonnance d'exécution, par J.-A. GARNIER-DUBOURGNEUF, procureur du Roi, et CHANOINE, substitut à Coulommiers. 1828, in-12, à Coulommiers et à Paris, chez Dufour et Ce. — 2e édition, aug-

mentée de toutes les décisions intervenues jusqu'en 1829. 1829, in-12, à Paris, rue de Touraine-Saint-Germain, 5.

382.—**Le Code forestier** conféré et mis en rapport avec la législation qui régit les différents propriétaires et usagers dans les bois, par M. CURASSON, avocat à la Cour royale de Besançon. 1828, 2 vol. in-8°, à Paris et à Besançon, chez Gauthier frères.

383. — **Code pénal forestier,** ou Dispositions pénales de ce Code, réunies, analysées et mises en ordre pour faciliter la recherche de tous les articles relatifs aux délits et contraventions en matière forestière, et l'application des peines et condamnations prononcées par ce Code, et par les articles du Code pénal auxquels il renvoie; avec le texte des articles de l'un et l'autre Code, et d'une marge suffisante à l'annotation des arrêts qui pourront intervenir sur chaque article; ouvrage particulièrement destiné aux défenseurs des prévenus, pour leurs plaidoiries; aux agents forestiers, pour leurs conclusions, aux officiers des ministères publics, pour leurs réquisitions, et aux magistrats et greffiers des Cours et tribunaux, pour le prononcé et la rédaction des arrêts et jugements en cette matière. 1828, in-18, à Paris, chez Alex. Goblet.

Ce Code pénal forestier est de M. *Charles-François-Bonaventure Maillard de Chambure*, juge au tribunal de Dijon.

384. — **Manuel de l'élagueur,** ou de la conduite des arbres forestiers, par M. HOTTON. 1828, in-12, à Paris, chez Mme Huzard.

385. — **Art du briquetier, chaufournier et charbonnier,** comprenant la fabrication du vinaigre de bois, par M. EDMOND PELOUSE. 1828, in-12, à Paris, chez Malher et Ce.

386. — **Code forestier** suivi de l'ordonnance d'exécution et de la jurisprudence, annoté par M. Dupin, ancien bâtonnier de l'ordre des avocats, député de la Nièvre. 1828, in-18. — 2me édition corrigée et augmentée de la jurisprudence forestière, depuis la promulgation du Code jusqu'à nos jours, 1834, in-18, à Paris, chez Joubert.

C'est M. *J.-S.-B. Ph. Valette,* avocat à la Cour royale de Paris, qui, sous la direction de M. Dupin, a été chargé de recueillir la jurisprudence forestière intervenue depuis la publication de la première édition et d'en faire l'analyse.

Après avoir exposé les motifs qui l'ont porté à entreprendre ce commentaire du Code forestier, M. Dupin s'exprime ainsi : — « Ce Code eût pu être plus parfait. — Son style est quelquefois défectueux; on ne peut nier qu'avec un peu moins de précipitation, *la loi forestière* aurait reçu quelques perfectionnements. C'est un point que les auteurs mêmes de la loi n'ont pas essayé de dissimuler. — Il manque quelque chose au Code dans le fond même de ses dispositions; j'ajouterai, quant au style dans lequel il est rédigé, que ce *style* est incomparablement moins pur et moins correct que celui des autres Codes français. On n'y rencontre pas toujours les termes techniques de la matière forestière ni même ceux de la législation. On trouve des constructions lourdes et embarrassées: on y remarque enfin des défauts de rédaction qui, lorsqu'un projet de loi en est une fois affecté, ne peuvent guère se corriger dans une discussion publique.»

387. — **Nouvelle méthode de semis,** de plantation et d'aménagement des bois, par M. E. TOURNEY, ex-inspecteur particulier des semis et plantations du parc royal de Boulogne. 1828, in-18, chez l'auteur, chez Mme Huzard. — 2me édition, augmentée d'un tableau synoptique d'aménagement centenaire, in-12.

Pour la 3e édition, voyez n° 412, *Nouvelle méthode.*

388. — **Code forestier,** annoté par J.-B. SIREY. 1828, in-4° de 44 pages, à Paris, rue de Tournon, 4.

389. — **De l'acquisition et de l'extinction des droits** d'usage par la prescription dans les forêts royales et particulières. 1829, in-8° de 72 pages, de l'imprim. de Rossary, à Lyon.

390. — **Mémoire pour MM. les propriétaires de bois.** 1829, in-8° de 176 pages, à Paris, chez Delaunay.

Mémoire contre l'abaissement des droits à l'entrée sur les fers étrangers.

391. — **Recherches statistiques sur les forêts de la France** tendant à signaler le danger qu'il y aurait pour elles d'ouvrir nos frontières aux fers étrangers, par FAISEAU-LAVANE, ancien arpenteur-vérificateur, publiées par les soins des commissaires délégués par MM. les propriétaires de bois. 1829, in-4° de 114 pages, plus 6 tableaux et une carte, à Paris, chez Picquet-Kilian.

392. — **Traité des bois et forêts** faisant suite au traité de culture rurale, par LÉOCADE DELPIERRE. 1829, in-18 avec une pl., à Paris, chez Malher et Ce.

Petit traité élémentaire de sylviculture.

393. — **Manuel de police rurale et forestière** de la chasse et de la pêche, contenant les lois et réglements de la matière, etc., par M. A.-Ch. GUICHARD, avocat. 1829, in-8°, à Paris, chez Pichard.

394. — **Notice historique sur la plantation** de la montagne de Saint-

Martin-le-Pauvre, entre Thury et Boulard, département de l'Oise, par M. le vicomte HÉRICARD DE THURY, conseiller d'État, ingénieur au corps royal des mines. 1829, in-8° de 28 pages, de l'imprim. de Mme Huzard, à Paris.

395. — **Journal des forêts**, contenant des observations et des mémoires sur toutes les parties de l'économie forestière, par une réunion d'agronomes et de praticiens.

Ce journal a paru mensuellement depuis janvier 1829 jusqu'à mars 1830 inclus. Le prix de l'abonnement était de 30 francs par an. Le rédacteur principal était M. *Hotton*, auteur du Manuel de l'élagueur.

396. — **Traité succinct sur les devoirs** des gardes forestiers, par M. P.-J. DELAFONT, inspecteur des forêts. 1829, in-18, de l'imprim. d'Allier, à Grenoble. — 2me édition. 1836, in-18, de l'imprim. de J. Allier, à Gap.

397. — **Instruction sur l'exploitation des bois** de chêne employés dans les constructions navales, par M. LOUIS-HUBERT PENEVERT aîné. 1829, in-12 de 44 pages, à Rochefort, chez Gaulard.

398. — **Essai sur les moyens de créer la richesse** dans les départements méridionaux de la France, par M. EMILE BÈRES, du Gers. 1830, in-8°, à Paris, chez Lassime et Cie.

Dans cet essai, l'auteur conseille les plantations d'arbres fruitiers, d'arbres propres à donner du bois à ouvrer, du bois de construction et de chauffage. Les moyens qu'il indique de créer la richesse s'appliquent spécialement aux départements suivants :

Gironde, Landes, Basses-Pyrénées, Hautes-Pyrénées, Gers, Lot-et-Garonne, Dordogne, Lot, Tarn-et-Garonne, Haute-Garonne, Ariége, Pyrénées-Orientales, Aude, Tarn, Aveyron, Lozère, Ardèche, Hérault, Gard, Vaucluse, Drôme, Hautes-Alpes, Basses-Alpes, Var, Bouches-du-Rhône, dont il donne la statistique abrégée.

399. — **Le guide dans les forêts**, ouvrage particulièrement destiné à l'instruction des campaguards, des propriétaires de bois et des préposés des communes rurales, par CHARLES KASTHOFER, haut forestier à Unterséen, membre des sociétés suisses des sciences naturelles et d'utilité publique, traduction de l'allemand faite par l'auteur, revue, corrigée et accompagnée de notes par F.-L. MONNEY, membre des mêmes sociétés, avec 19 planches lithographiées. 1830, 2 vol. in-8°, fig. impr. et libr. de Lœrtscher et fils. — Autre édition, 1838, in-8°, à Porentruy.

L'auteur du Guide dans les forêts, en s'effor-

çant de mettre son livre à la portée des plus humbles intelligences, s'est attiré d'assez vives critiques de la part de quelques forestiers allemands, critiques auxquelles il a répondu en 1829, dans une défense du Guide dans les forêts (en langue allemande). Le Guide dans les forêts a été plusieurs fois réimprimé dans cette langue.

400. — **Précis des leçons de travail graphique** et de constructions forestières, données à l'école royale forestière, par PAUL LAURENT. 1830, in-4° de 52 pages, de l'imprim. d'Haener, à Nancy.

401. — **Mémoire tendant à faire admettre** au nombre des vérités démontrées la théorie de Lahire sur l'origine et la direction des fibres ligneuses dans les végétaux, lu à l'Académie royale des sciences, le 22 août 1831, par M. POITEAU. 1831, in-8° de 48 pages et une pl., de l'imprim. de Faiu, à Paris.

La théorie de Lahire, que M. Poiteau, dans ce mémoire, s'efforce de faire admettre par l'Académie des sciences, est fondée sur cette croyance que chaque bourgeon d'un arbre, dans son développement, envoie par en bas des fibres radiculaires qui tendent à s'enfoncer en terre et à augmenter les racines. Il résulterait de cette considération qu'un arbre ne serait pas un individu simple, comme on le croit communément, mais un individu composé, comparable à un immense polypier dont chaque bourgeon, en se développant et envoyant des fibres par en bas, contribue au grossissement de l'arbre qui le porte. Aubert du Petit-Thouars avait déjà cherché à faire admettre par l'Académie la théorie de Lahire, mais sans succès. Cette théorie a été reproduite à l'Académie, en 1835, par M. Charles Gaudichaud, dans un mémoire qu'elle a couronné.

402. — **Manuel de l'ingénieur forestier**, ou Technologie spéciale et *sui generis* expositive d'un corps de doctrines et d'un plan de régénération forestière tout-à-fait neuf, par M. PLINGUET. 1831, in-8°, de l'imprim. de Monnoyer, au Mans.

Ce livre a été reproduit dans la même année sous le titre de : Manuel de l'ingénieur forestier, avec l'indication des mesures à prendre pour assurer à jamais l'approvisionnement du pays en bois de construction, de marine et de chauffage. 2e édition augmentée d'un appendice sur les ruineuses conséquences de l'aliénation des bois de l'État et d'un avis de l'auteur sur cette seconde édition. In-8, au Mans, chez Monnoyer; à Pont-Lieue, chez l'auteur.

403. — **Mémoire au Roi et aux chambres législatives** sur la destruction des bois, et sur les graves conséquences qui peuvent en résulter relativement : 1° à la prospérité de l'agriculture, de l'économie et de l'industrie ; 2° à l'état de l'atmosphère, à

la température et à la salubrité publique ; 3° à l'ordre et au maintien des choses dans la société et les climats ; 4° au crédit public inhérent à un grand gage foncier dans l'état agricole ; 5° un système indéfini de l'aliénation des bois du domaine de l'État, par M. J.-B. ROUGIER DE LA BERGERIE. 1831, in-4° de 76 pages, à Paris, chez Dentu, chez Mongie.

L'on trouve dans ce mémoire de nombreux renseignements sur les conséquences du déboisement des forêts à l'époque de la révolution de 1793, et aussi d'acerbes critiques sur les divers systèmes d'administration forestière en usage sous le Directoire, le Consulat, l'Empire et la Restauration.

404. — Considérations d'ordre et d'intérêt public sur l'aliénation, par fonds et superficie de 300,000 hectares de forêts de l'État, autorisée par la loi du 25 mars 1831, par M. PLINGUET. 1831, in-8° de 16 pages, de l'imprim. de Monnoyer, au Mans.

405. — Mémoire sur le Zelkoua planera crenata, arbre forestier particulièrement propre aux plantations des grandes routes, des avenues et places publiques, par A. MICHAUX. 1831, in-8° avec fig., à Paris, chez Mme Huzard.

406. — Mémoire sur le déboisement des montagnes et sur les moyens d'en arrêter les progrès et d'opérer les repeuplements des parties qui en sont susceptibles, par M. BAUDRILLART. 1831, in-4° de 20 pages, à Paris, chez Mme. Huzard.

Extrait du Bulletin de la société d'encouragement.

407. — De l'influence de la température atmosphérique sur le développement des arbres au printemps, par M. A.-P. DECANDOLLE. 1831, in-8° de 12 pages, à Genève.

Extrait de la Bibliothèque universelle de Genève.

408. — Mémoire sur le domaine forestier de Rambouillet, par M. JAUME SAINT-HILAIRE. 1831, in-8° de 16 pages, à Paris, chez Firmin Didot.

Extrait du Bulletin universel des sciences de Férussac.

409. — Des Hannetons considérés comme insectes nuisibles à l'agriculture, ou Exposé des ravages qu'ils font parmi les végétaux, et des moyens employés contre eux ; précédé de l'histoire de leurs habitudes naturelles, et suivi d'un projet de destruction à soumettre à la sanction du Gouvernement, par M. JACQUIN aîné. 1831, in-12 de 48 pages, à Paris, chez Rousselon.

410. — Des landes, bruyères, friches et marais ; des défrichements et desséchements, par AUG.-CH. GUICHARD, avocat. 1831, in-8°, à Paris, chez Porthmann.

411. — Danger de l'aliénation des forêts de l'État considéré sous les rapports physique, politique, industriel et financier ; moyen de s'en préserver à l'avenir par un système de concession temporaire divisé en quatre parties, par M. L.-Ch.-F. GAUCHET. — 1re livraison. 1831, in-8° de 88 pages, à Paris, chez Arthus Bertrand.

Cet ouvrage n'a pas eu de suite.

412. — Nouvelle méthode d'aménagement et d'exploitation des forêts, suivie de la 3me édition de la nouvelle méthode de semis, de plantations et d'aménagement, par M. E. TOURNEY, ancien inspecteur des plantations du bois de Boulogne. 1831, in-8°, avec tableaux, chez l'auteur ; chez Mme Bouchard-Huzard.

413. — Tarif ou comptes faits de la valeur progressive d'un hectare de taillis dans chaque aménagement de 15, 20, 25 et 30 ans, et à différents prix, avec intérêts composés au taux de cinq pour cent, pour servir à l'appréciation des bois en fonds et superficie, suivi : 1° d'un tableau propre au cubage des arbres-futaies, et énonciatif des produits en nature qu'on peut retirer de chaque arbre, soit en bois d'œuvre, soit en bois de chauffage, avec indication des moyens propres à convertir les anciennes cordes et solives en stères ; 2° de la réimpression du cahier des charges générales, arrêté par M. le Ministre des finances pour l'aliénation des bois de l'État, publié par M. CHABANNE. 1831, in-4° de 48 pages, à Paris, chez l'auteur, chez Guyot et Scribe.

414. — Traité de la culture des forêts ou De l'application des sciences agricoles et industrielles à l'économie forestière, avec des recherches sur la valeur progressive des biens-fonds et des bois depuis le treizième siècle jusqu'à nos jours, par M. NOIROT. 1832, in-8°, chez Mme Huzard; à Dijon, chez Lagier. — 2me édition, 1839, in-8°, avec plusieurs tableaux, à Paris, chez Bouchard-Huzard.

De la page 13 à la page 132, se trouve un *Essai descriptif des forêts* de toutes les parties du monde et principalement de la France.

415. — Du desséchement de la partie de la forêt d'Orléans connue sous le nom de cantonnement de Fleury. — Moyens proposés pour y parvenir, par A. BESSON, garde-général des forêts à Orléans. 1832, in-8° de 28 pages, de l'imprim. de Danicourt-Huet, à Orléans.

416. — Des travaux à faire pour l'assainissement des landes de Gascogne et des canaux de jonction de l'Adour à la Garonne, par M. C. DESCHAMPS. 1832, in-4°, à Paris, chez Carilian-Gœury. — Supplément audit mémoire, 1836, in-4°.

Ce Mémoire se rattache aux intérêts forestiers des landes de Gascogne par le système de culture qu'y expose l'auteur.

417. — Recueil de Mémoires sur l'administration des forêts, sur les arbres forestiers et l'économie rurale, 2me édition, par M. JAUME SAINT-HILAIRE. In-8° de 88 pages, à Paris, chez Dondey-Dupré.

La qualification de 2° édition ne s'applique pas à ce Recueil, mais aux Mémoires qu'il contient et qui sont : 1° Mémoire sur l'administration et sur l'aménagement des forêts; 2° Mémoire sur le domaine forestier de Rambouillet; 3° Observations sur un rapport de M. Mirbel au Conseil supérieur d'agriculture, imprimé dans le n° 25 des *Annales administratives et scientifiques de l'agriculture française*, et relatif aux espèces d'arbres exotiques dont il serait à désirer que le ministère encourageât la culture par des distributions de graines.

418. — Manuel théorique et pratique de l'estimation des forêts , par M. NOIROT-BONNET, géomètre-forestier.1832, in-8°, à Langres, chez Dejussieu.

419. — Manuel du cultivateur-forestier, contenant l'art de cultiver en forêts tous les arbres indigènes et exotiques, propres à l'aménagement des bois; l'explication des termes techniques employés dans le langage forestier et en botanique dendrologique, etc., par M. BOITARD. 1833, 2 vol. in-18, à Paris, chez Roret.

420. — Mémoire sur l'aménagement et le mode d'exploitation des bois de pin dans les environs du Puy, par M. J.-M. BERTRAND DE DOUE. 1833, in-8°, au Puy.

Extrait des Annales de la Société d'agriculture, sciences et arts du Puy, pour 1832-1833.

421. — De l'écorce du robinier (*robinia pseudo-acacia* L.) et de ses usages dans les arts et dans l'économie domestique, par M. GIOBERT, professeur de chimie de l'Université de Turin, traduit de l'italien par MATHIEU BONAFOUS. 1833, in-8° de 8 pages, de l'imprim. de Mme Huzard.

Extrait des Annales de l'agriculture française, 1833.

422. — Procédé pour conserver le bois de construction de la carie sèche. Résumé d'un rapport fait par le professeur FARADEY à l'Institution royale, le 11 février 1833, accompagné d'observations, etc. 1833, in-8° de 8 pages, de l'impr. de Belin, à Paris.

423. — Mémoire sur l'introduction des arbres forestiers exotiques dans les grandes plantations écono-

miques , par M. SOULANGE-BODIN. 1833· in-8° de 8 pages, à Paris.

Extrait des Annales de Fromont.

424. — Monographie du mélèze d'Europe, par M. ÉVON. — 1834, in-8° de 32 pages, de l'imprim. de Decourchant, à Paris.

425. — Mémoire sur les avantages de la plantation du peuplier blanc, par le vicomte DEBONNAIRE DE GIF. 1834, in-8° de 8 pages, à Paris, chez Mme Huzard.

426. — Mémoire sur l'état des forêts dans les Hautes-Alpes, sur les causes de cet état, ses résultats, et les moyens d'y remédier, par P.-J. DELAFONT, inspecteur des forêts. 1834, in-4°, de l'imprimerie d'Allier, à Gap.

427. — Mémoire relatif à la destruction des hannetons, par LAFFAY, horticulteur à Auteuil (Seine). 1834, in-8° de 16 pages, de l'impr. de Mie, à Paris.

428. — Des hautes futaies et des taillis considérés sous les rapports des produits en argent et en matières, par M. MALLET, de Chilly. 1834, in-8° de 60 pages, de l'impr. de Jacob, à Orléans.

429. — Manuel de l'usager dans les bois communaux, par ARMAND MARQUISET. 1834, in-18, à Besançon, chez Gauthier, et, à Paris, rue Hautefeuille, 18.

430. — Mémoire sur le mois de l'année le plus favorable à la coupe des bois destinés aux constructions civiles et navales ; lu à la Société royale et centrale d'agriculture, le 5 mars 1834, par M. JAUME SAINT-HILAIRE. 1834, in-8° de 24 pages, de l'imprim. de Decourchant, à Paris.

431. — Recherches sur l'histoire du cyprès, et Note historique sur le gingko biloba, vulgairement noyer du Japon, ou arbre aux quarante écus, par J.-L.-A. LOISELEUR-DESLONGCHAMPS. 1834, in-8° de 36 pages, à Paris, de l'impr. de Mme Huzard.

432. — Notice sur les bois de chauffage, contenant des observations sur les diverses sortes de bois que l'on brûle à Paris, leur pesanteur, leur qualité, leur durée au feu, et la quantité de calorique qu'ils produisent. (Extrait du *Dictionnaire* de Baudrillart sur les eaux et forêts.) 1834, in-18 de 36 pages, à Paris, chez Belin-le-Prieur.

433. — Influence du déboisement des montagnes sur les fleuves et rivières ; — De la dégradation des rivières en France par le déboisement des montagnes; — Des lois destinées à prévenir le déboisement des montagnes, par CHARLES

COMTE, membre de l'Institut et de la Chambre des députés.

Ces trois articles font partie du Traité de la propriété de *Charles Comte*. 1834, 2 vol. in-8, à Paris, chez Chamerot.

434. — **Rapport fait à la société d'agriculture** du département de Seine-et-Oise, le 5 septembre 1834, au nom d'une commission spéciale sur les ravages occasionnés par les vers blancs et les hannetons, et sur les moyens de les détruire. 1835, in-8° de 24 pages, de l'imprim. de Marlin, à Versailles.

435. — **Des semis et des pépinières;** des plantations d'arbres de ligne et des taillis; de l'aménagement; de l'appréciation et de l'exploitation des bois forestiers, par L.-A.-B. DU CHARMEL, du Comité consultatif d'agriculture.

Articles imprimés dans l'ouvrage, du même auteur, intitulé *Des vrais principes d'économie rurale* et de leur application. 1835, in-8, à Paris et à Lyon, chez Périsse frères.

436. — **Notice sur le robinia pseudo-acacia,** sans épines et franc de pied, variété connue sous le nom de *acacia spectabilis*, par A. MICHAUX. 1835, in-8°, à Paris.

Extrait des Annales de l'agriculture française.

437. — **Maison rustique du XIXᵉ siècle.** Encyclopédie d'agriculture pratique, contenant les meilleures méthodes de culture usitées particulièrement en France, en Angleterre, en Allemagne et en Flandre; tous les bons procédés pratiques propres à guider le petit cultivateur, le fermier, le régisseur et le propriétaire, dans l'exploitation d'un domaine rural; — les principes généraux, la culture de toutes les plantes utiles, l'éducation des animaux domestiques; l'art vétérinaire; la description de tous les arts agricoles; les instruments et bâtiments ruraux; l'entretien et l'exploitation des vignes, des arbres fruitiers, des bois et forêts, des étangs, etc., etc. — Cours complet et méthodique d'économie rurale rédigé et professé par une réunion d'agronomes et de praticiens appartenant aux sociétés agricoles de France. 1835 et années suivantes, 5 vol. in-4°, avec plus de 2,500 fig. dans le texte; à Paris, chez Dusacq.

L'art de la culture et de l'exploitation des bois et forêts forme la plus grande partie du tome IVᵉ, et les divers articles qu'il renferme sont signés : *Oscar Lecler-Thoin, Noirot, Loiseleur-Deslongchamps, J. Malpeyre, Jaume Saint-Hilaire, Poiteau, Soulange-Bodin, André Michaux, Noirot-Bonnet.* Le calendrier forestier est de *M. Noirot*; il se trouve dans le Vᵉ volume.

438. — **Notice[7] sur la coupe des taillis,** par F. PHILIPPAR. 1835, in-8° de 16 pages, à Paris, chez Mᵐᵉ Huzard.

Extrait des Annales de l'institut horticole de Fromont.

439. — **Observations pratiques sur la culture** du pin maritime dans le département de la Sarthe, par MARCELLIN VÉTILLART. 1835, in-8°, de l'imprim. de Bouchard-Huzard.

Extrait des Mémoires de la société d'agriculture de Paris.

440. — **Réflexions sur l'aménagement des forêts,** par MM. A.-C.-C. DE THOURY et E. BRUNCK. 1835, in-8° de 12 pages, de l'imprim. de Mᵐᵉ Hoffmann, à Colmar.

441. — **Quelques réflexions sur l'élagage des arbres,** par LE COQ. 1836, in-8° de 16 pages, à Caen, chez Poisson.

442. — **Codes forestier,** de la pêche fluviale, de la chasse et rural, expliqués par leurs motifs, par des exemples et par la jurisprudence, avec la solution, sous chaque article, des difficultés, ainsi que des principales questions que présente le texte; la définition de tous les termes de droit et la reproduction des motifs des *arrêts-principes,* suivis d'un formulaire des actes qui exigent ces codes, par M. ROGRON, avocat aux Conseils du roi et à la Cour de cassation. 2ᵉ édition, 1844, in-18. 1836, in-18; à Paris, chez Alex. Goblet.

443. — **Traité pratique d'économie forestière,** par W. PFEILL, conseiller de la Grande-Chambre des eaux et forêts de Prusse, et professeur à Berlin; traduit de l'allemand par LOUIS NOIROT.

Imprimé dans le cours complet d'agriculture pratique, traduit de l'allemand par M. Louis Noirot. 1836, in-4, à Paris, chez Mme Huzard.

444. — **Traité de la culture forestière,** par HENRI COTTA, 5ᵉ édition, revue par AUGUSTE COTTA, traduit de l'allemand par GUSTAVE GAND. 1836, in-8°, à Strasbourg, chez Heitz; à Paris, chez Roret.

445. — **Du reboisement des Alpes françaises.** Lettre à MM. les députés des Basses-Alpes, des Bouches-du-Rhône et du Var, par L.-M. COTTARD, propriétaire à la Ciotat. 1836, in-8° de 16 pages, à Paris, chez Roret.

446. — **Du défrichement des bois** par M. J.-F. LULLIN DE CHATEAUVIEUX. 1836, in-8°.

447. — **Coup d'œil sur les forêts canariennes,** sur leurs changements et

leurs alternances, par BERTHELOT. In-4°, de l'imprim. de Béthune, à Paris.

Fait partie de l'Histoire naturelle des îles Canaries par MM. Webbet et Berthelot. 1836-47, 4 vol. in-4° et atlas in-fol.

448. — **Traité de l'aménagement des forêts**, enseigné à l'école royale forestière, suivi : 1° du procès-verbal, des plans et tableaux de l'aménagement de la forêt domaniale de Ribeauvillé, exécuté, en 1832, par les élèves de l'école ; 2° de la traduction des tables de cubage et d'expérience sur l'accroissement des bois, ainsi que d'une instruction avec tarifs pour l'estimation de la valeur des forêts en fonds et en superficie, traduites de l'allemand de Henri COTTA, conseiller supérieur des forêts, en Saxe, et converties en mesures de France, par M. DE SALOMON, directeur de l'école forestière à Nancy. 1837, 2 vol. in-8° et atlas in-4° (faisant suite au tome 1er), à Paris, au bureau de l'Almanach du commerce ; à Mulhouse, chez Thinus et Baret ; à Nancy, chez Georges Grimblot.

449. — **Notice sur la culture du pin** maritime dans les Landes, et sur la fabrication des produits appelés matières résineuses, par M. HECT. SERRES. 1837, in-8° de 44 pages et une pl., de l'imprim. de Guizonnier aîné, à Bordeaux.

450. — **Nouveau système de physiologie** végétale et botanique, fondé sur les méthodes d'observations qui ont été développées dans le nouveau système de chimie organique, accompagné d'un atlas de 60 planches d'analyses, dessinées d'après nature et gravées en taille-douce, par F.-V. RASPAIL. 1837, 2 vol. in-8° et atlas, à Paris, chez J.-B. Baillière.

Dans cet ouvrage se trouvent exposés les principes de la végétation ; la 5e partie est consacrée tout spécialement aux *Applications pratiques de la physiologie végétale.*

451. — **Mémoire sur l'influence des défrichements** dans la diminution des cours d'eau, par M. BOUSSINGAULT.

Imprimé dans les Annales de chimie et de physique, année 1837.

452. — **Cours élémentaires de la culture des bois**, créé à l'école royale forestière de Nancy, par M. LORENTZ, complété d'après ses notes et publié par A. PARADE. 1837, in-8° avec une pl., à Paris, chez Mme Huzard ; à Nancy, chez Grimblot. — 2me édition, 1837, in-8°, chez les mêmes libraires. — 3me édition, 1849, in-8°, à Paris, chez Mme BOUCHARD-HUZARD.

453. — **Histoire du cèdre du Liban** et sa culture, par M. LOISELEUR-DESLONGCHAMPS. 1837, in-8° de 68 pages et 2 planches, à Paris, chez Mme Huzard.

454. — **Guide du garde forestier,** *vade mecum* du propriétaire de bois et forêts, du chasseur et du pêcheur, par le chevalier LEGRET. 1837, in-18, à Paris, chez Leneveux, chez Mme Huzard.

455. — **Mémoire sur la culture du chêne liège**, sur la récolte et la fabrication du liège, par F. JAUBERT DE PASSA, 1837, in-8°, à Paris, de l'imprim. de L. Bouchard-Huzard.

456. — **des Droits d'usage dans les bois de l'État** et dans ceux des particuliers, par D'AVANNES. 1837, in-8°, à Paris, chez Alex. Goblet.

457. **Exploitation des bois par coupes aménagées**, ou Traités suivant la méthode des éclaircies. (Signé BOURDON et A. P....) 1837, in-8° de 8 pages et un tableau, de l'imprim. d'Escuyer, à Compiègne.

458. — **Objections contre le projet de loi** sur l'abrogation des articles 25 et 26 du Code forestier (signé : Un ancien préfet). 1837, in-8° de 8 pages, de l'imprim. de Dezauche, à Paris.

459. — **De l'appréciation des bois** suivant leur âge. 1837, in-4° de 8 pages, à Paris, chez Ducollet.

460. — **Essai sur la plantation et la culture** des arbres verts dans les plaines crayeuses de la Champagne, par M. BALLET-PETIT. 1837, in-8° de 32 pages, à Paris, chez Rousselon.

461. — **Aphorismes de physiologie** végétale et de botanique, suivis d'un tableau des alliances des plantes et de l'analyse artificielle des arbres, par JOHN LINDLEY, professeur de botanique à l'Université de Londres. etc., traduits de l'anglais et précédés d'une introduction par P.-R. GAP, pharmacien, etc. 1838, in-8° de 180 pages, à Paris, chez Louis Colas.

Exposé succinct des principes de la végétation.

462. — **Traité des végétaux qui composent l'agriculture**, contenant tous les caractères les plus saillants, les différences, qualités et usages de tous les végétaux, notamment des espèces peu connues et dont la naturalisation présente des avantages ; suivi de considérations sur les semis et les plantations, et l'indication, pour chaque mois, des travaux et semis à faire dans les jardins, les prés, les champs et les bois, par C. TOLLARD aîné, D. M. 1838, 2me édition in-12, à Paris, chez l'auteur, pépiniériste, et chez Louis Colas.

La première édition de ce livre a paru en 1805 ; mais comme elle n'était qu'un catalogue des végétaux qui se trouvaient alors chez l'auteur, nous n'avons pas cru nécessaire de la mentionner. Au contraire la 2e édition étant un ouvrage nouveau et non un simple catalogue, elle devait être indiquée ici, à la date de sa publication.

463. — **Livre du forestier**, guide complet de la culture, de l'exploitation des bois, et de la fabrication des charbons et des résines, contenant un précis historique de la science forestière ; une biographie des hommes qui s'y sont distingués ; un traité complet de la culture et de l'exploitation des bois et de la législation qui s'y rapporte, par M. MAUNY DE MORNAY, suivi de l'hygiène du forestier par M. MONNERET, D. M. 1838, in-12 avec une pl., à Paris, chez Pagnerre; — nouv. édition, 1842, in-12 avec une pl., à la librairie encyclopédique de Roret.

464. — **Entomologie forestière**, ou Histoire naturelle des insectes nuisibles et utiles aux forêts, par R. DE LA RUE, ancien élève de l'école forestière de Tharant (Saxe). 1838, in-8° avec 6 planches, à Paris, chez Mme Huzard ; à Nancy, chez Georges Grimblot.

465.— **Des intérêts matériels en France.** Travaux publics, routes, canaux, chemins de fer, par M. MICHEL CHEVALIER. 1838, in-8°, avec cartes, à Paris, chez Gosselin et W. Coquebert.

Dans cet ouvrage qui a été réimprimé deux fois, M. Michel Chevalier indique (page 191 de la présente édition) les moyens d'arriver au reboisement des montagnes.

466. — **Eléments d'agriculture pratique,** par DAVID LOWE, professeur d'agriculture à l'Université d'Edimbourg, traduits de l'anglais, par J.-J. LAINÉ, consul de France à Liverpool. 1838-39, 2 vol. in-8° avec figures dans le texte, à Paris, chez Mme Huzard.

Dans le 2e volume, l'auteur indique avec précision les divers procédés de plantations, de cultures et d'exploitations des bois en Angleterre, et des arbres cultivés soit pour leur écorce, leurs résines, ou leur bois.

467. — **Des forêts** considérées relativement à l'existence des sources, parM. C.-J.-Q. MATHIEU DE DOMBASLE. 1839, in-12, de 24 pages, de l'imprim. de Poullet, à Nancy.

468. — **Nouveau mode d'exploitation**, d'amélioration et d'aménagement des bois, forêts, sapinières, qui présente des avantages pour le présent et l'avenir. 1839, in-8° de 24 pages, à Nancy, chez Hinzelin.

469. — **Traité des fruits**, tant indigènes qu'exotiques ou Dictionnaire carpologique, comprenant l'histoire botanique, chimique, médicale, économique et industrielle des fruits, notamment les procédés de reproduction et d'amélioration les plus certains,

les caractères qui distinguent ces produits de la végétation, les principes qui prédominent dans leur composition, les phénomènes de leur maturation, l'art de les conserver, de mettre à profit les propriétés dont ils jouissent, soit dans les régimes alimentaire et diététique, soit dans les arts ; d'extraire les principes qu'ils contiennent, ou ceux que des réactions chimiques y développent : formant ainsi une sorte de manuel des arts qui doivent aux fruits leur importance, etc., etc., suivi d'une table alphabétique ou dictionnaire de toutes les espèces et variétés de fruits connues, etc., par COUVERCHEL, de l'Académie de médecine. 1839, in-8° (à deux colonnes), à Paris, chez Bouchard-Huzard.

470. — **De la destruction des forêts** dans ses rapports physiques, par R.-F. ADDENET. 1839, in-8° de 16 pages, de l'imprim. de Dondey-Dupré, à Paris.

471. — **De l'agriculture** et du défrichement des landes, par M. le vicomte de MÉTIVIER, ancien magistrat, membre correspondant de l'Académie des sciences. 1839, in-8°, avec 3 pl., à Bordeaux, chez Lafargue.

Malgré l'ambiguité de son titre, cet ouvrage s'adresse aux cultivateurs; M. Métivier leur recommande les plantations comme moyens d'améliorer le sol et de le rendre propre à la culture; dans maints endroits il leur parle le patois du pays, et il en donne lui-même l'interprétation.

472. — **Des pépinières semis et plantations**, par VICTOR NIAUDET. 1839, in-12, à Paris, chez Mme Bouchard-Huzard.

473. — **Comptabilité rurale, forestière**, statistique, administrative, contenant les moyens infaillibles d'accroître la fortune territoriale et agricole, ou la régie des biens soumis aux principes des parties doubles, par M. CYRILLE DE LA TASSE, ancien receveur des contrib. directes. 1839, in-4°, à Paris, chez Dupont, chez l'auteur.

474. — **Tarif pour réduire toute espèce d'arbres en grume**, d'après leurs équivalents en poids et mesures décimaux, par HENRI-ALEXIS LAURENT. 1839, in-12, à Epernay, chez Mme Fievet.

475. — **De l'économie forestière**, par M. C. LARDY. 1839, in-12 de 108 pages, de l'imprimerie de Javel, à Arbois.

476. — **Guide du voyageur** dans le palais et la forêt de Fontainebleau, par F. DENECOURT. 1839, in-8° avec deux planches, de l'imprimerie de Jacquin, à Fontainebleau.

477.— **Notice sur le défoncement** à la charrue pour la plantation des bois et sur leur binage à la houe à cheval, par BOURDON D'AIGUISY. 1839, in-8°, à Paris, chez Mme Bouchard-Huzard.

478. — **Avantages du boisement** des terrains incultes par des semis d'arbres résineux. 1839, in-8° de 40 pages, de l'imprimerie de Guiraudet, à Paris.

479. — **Reproduction des forêts** en utilisant les espaces vides et ombragés des bois, par le comte JEAN NEP. SAXA BAKOWSKI, traduit de l'allemand. 1839, in-12 de 30 pages, de l'imprimerie d'Appert, à Paris.

480. — **Mémoire sur la conservation des bois**, par M. A. BOUCHERIE, docteur-médecin. 1840, in-8° de 44 pages, à Paris.

Extrait des Annales de chimie et de physique. 1840, tome 74.

481. — **Quelques considérations** sur les théories de l'accroissement par couches concentriques, des arbres munis d'une véritable écorce (arbres dicotylés), thèse, par M. ADOLPHE CHATIN. 1840, in-8° de 32 pages, à Paris.

482. — **Notice sur quelques espèces de chênes**, et spécialement sur le chêne liège (quercus surbes), par ALFRED MALHERBE. 1840, in-8° de 40 pages, à Metz, chez Verronnais.

483. — **Traité de l'affouage** dans les bois communaux, par S. MIGNERET. 1840, in-8°, à Paris, chez Defrasne. — 2e édition, revue et corrigée. 1844, in-8°, à Paris, chez Delamotte.

484. — **Précis du cours de constructions** à l'Ecole forestière de Nancy. 1re année. De la construction en général; des maisons forestières et des scieries, par PAUL LAURENT. 1840, in-8°, à Nancy, chez Grimblot. — Appendice au Précis du cours de constructions forestières. 2e année, par PAUL LAURENT. 1844, in-8° de 148 pages, à Nancy, chez Raybois.

485. — **Traité général de statistique**, de culture et d'exploitation des bois, par JEAN-BAZILE THOMAS, ancien marchand de bois exploitant. 1840. 2 vol. in-8° avec pl., à Paris, chez Mme Bouchard-Huzard.

486. — **Plantations des terrains en pente**, par M. A. PUVIS. 1840, in-8° de 20 pages, à Paris, chez Mme Huzard.

487. — **Code du Commerce des bois** carrés ou à œuvrer; charpente, sciage et charbonnage réunis, pour l'approvisionnement de Paris; recueil de tous les jugements, arrêts, décisions ministérielles, ordonnances et lois relatifs à ce commerce, par M. FRÉDÉRIC MOREAU, syndic du commerce des bois à œuvrer. 1840-47, 2 vol. in-8°, à Paris, chez Fontaine et Dauvin.

Le premier volume renferme les anciens édits, les sentences du bureau de la ville et les ordonnances qui réglementaient, antérieurement à 1839, le commerce des bois carrés, dans ses rapports avec l'approvisionnement de la capitale. Le second volume donne les ordonnances, règlements, jugements et arrêts intervenus depuis cette époque jusqu'en mai 1847.

488. — **Notice sur le mélèze** et les avantages de sa culture, par KOENIG aîné. 1840, in-8° de 20 pages, à Colmar, chez Kœpplin.

489. — **Théorie de l'aménagement des forêts**. Principes fondamentaux, par M. NOIROT-BONNET, géomètre forestier à Langres.

Imprimée dans les Annales de la société d'agriculture de Lyon, 1840, réimprimée en 1842, avec l'indication de 2e édition, in-8, à Paris, chez Mme Bouchard-Huzard. — L'auteur annonçait une partie qui n'a pas encore paru et qui devait être publiée sous le titre de: Déduction des principes fondamentaux de l'aménagement des forêts, ou rapport de l'aménagement des forêts avec l'économie générale.

490. — **Mémoire sur l'alternance** des essences forestières, présenté à l'Académie des sciences, séance du 16 décembre 1839, par G. GAND, sous-inspecteur des forêts à Sénones (Vosges). 1840, in-8° de 40 pages à Paris, chez Roret, et à Strasbourg, chez Heitz.

491. — **Observations sur la loi** relative à l'exploitation des forêts de la Corse. 1840, in-8° de 16 pages, de l'imprimerie de Boulé, à Paris.

Cette loi est du 16 juillet 1840.

492. — **Principes fondamentaux** de la science forestière, par M. HENRI COTTA, conseiller supérieur des forêts en Saxe. 2e édition, corrigée et publiée par ses fils. Ouvrage traduit de l'allemand, par JULES NOUGUIER. 1841, in-8°, à Paris, chez Bouchard-Huzard.

493. — **Vérités** sur les landes de la Gascogne et sur la culture forestière des pins, par un paysan des Landes. 1841, in-8° de 120 pages, de l'imprimerie de Firmin-Didot, à Paris.

Cet ouvrage est de M. Dallier.

494. — **De la nécessité du boisement des Landes**, et d'un meilleur régime forestier dans le département de la Dordogne, par H. PINON DEL DE LA BERTOCHE. 1841, in-4° de 20 pages, de l'imprimerie de Dupont, à Périgueux.

495. — **Études sur les torrents des Hautes-Alpes**, par ALEXANDRE SURELL, ingénieur des ponts-et-chaussées. — Ouvrage

imprimé par ordre du ministre des travaux publics. 1841, in-4°, avec 6 pl., à Paris, chez Carilian-Gœury et Victor d'Almont.

Ces études contiennent de nombreuses observations sur l'utilité des forêts dans les pays montagneux, et sur les obstacles qu'elles peuvent opposer à la formation des torrents.

496. — De l'état actuel du Morvan et de son avenir probable, par M. DE SAINT-LÉGER. 1841. in-18 de 60 pages, à Château-Chinon, chez Famon.

497. — Instruction pratique sur la culture forestière dans les terres fortes ou argileuses du midi, par A.-J.-M. DE SAINT-FÉLIX. 1841, in-12, à Toulouse, chez Douladoure.

498. — Recherches générales sur l'organographie, la physiologie et l'organogénie des végétaux, par M. CHARLES GAUDICHAUD, pharmacien, professeur de la marine royale, membre de l'Académie des sciences. 1841, in-4° avec 18 pl. (représentant près de 300 sujets), à Paris, chez Victor Masson.

Ce Mémoire, qui a partagé, en 1835, le prix de physiologie expérimentale, à l'Académie des sciences, fondé par Monthyon, a pour objet de démontrer la réalité de la théorie de Lahire.

499. — Bois de chêne de construction pour le service de la marine royale (signé NOURY), 1841, in-8° de 44 pages, de l'impr. de Bachelier.

500. — Mémoire sur les dévastations des forêts dans les Hautes-Alpes et les moyens d'y remédier. 1842, in-4° de 86 pages, à Zurich.

L'auteur de ce Mémoire se nomme *Lardy*.

501. — Les plus mauvais terrains rendus fertiles par la culture du pin d'Écosse. Pépinières de Fontainebleau, par M. LOUVET, entrepreneur de plantations de la forêt de Fontainebleau. 1842, in-8° de 24 pages, de l'imprimerie de Guyot, à Paris.

502. — Traité du mesurage des bois et de leur réduction; suivi de tarifs complets pour la réduction de chaque espèce de bois, par A. HUBAINE. 1842, in-8°, à Beauvais, chez Moisand; à Paris, chez Mathias.

503. — Les hylophtires et leurs ennemis, ou Description et iconographie des insectes les plus nuisibles aux forêts, ainsi que des autres animaux causant des dégâts dans les bois, avec une méthode pour apprendre à les détruire et à ménager ceux qui leur font la guerre. — Manuel à l'usage des forestiers, des économes, des jardiniers et de tous ceux qui s'occupent de sylviculture, par M. J.-T.-C. RATZEBURG, docteur en médecine de la Faculté de Berlin, professeur d'histoire naturelle à l'institut forestier royal de Prusse, traduit de l'allemand (sur la 2me édition) par M. le comte *de Corberon*, avec 6 planches gravées sur acier, coloriées avec le plus grand soin, 2 planches lithographiées noires, 2 gravures sur bois, 4 calendriers entomologiques, une explication des planches et un vocabulaire des mots techniques et peu usités, qui se trouvent dans cet ouvrage. 1842, in-8°, avec planches, à Nordhausen et Leipzig, chez B.-G.-H. Schmidt, libraire-éditeur, à Paris, chez Jules Renouard et Cie. — Autre édition : *Manuels Roret* : Nouveau Manuel complet du destructeur des animaux nuisibles. Deuxième partie, contenant les hylophthires et leurs ennemis, par M. Ratzeburg, et traduit (de l'allem.) par M. le comte de Corberon. Nouvelle édition, publiée par le docteur Boisduval. 1846, in-18, avec 8 planches et 4 tableaux, à Paris, chez Roret.

Cette édition économique ne nous semble pas être préférable à l'édition de Schmidt, de Nordhausen.

M. le docteur Ratzeburg est encore auteur d'un fort bel ouvrage (en allemand) intitulé : *Les insectes forestiers*, publié à Berlin, en 1839 et 40 et en 3 vol. in-4°. Toutefois, celui que nous annonçons ici et qui en est l'abrégé fait par l'auteur lui-même paraît devoir suffire aux besoins du plus grand nombre des personnes qui s'occupent d'économie forestière.

504. — De la pluie et de l'influence des forêts sur les cours d'eau, par M. DAUSSE, ingénieur des Ponts-et-chaussées.

Imprimé dans les Annales des Ponts-et-chaussées, 1842. — Ce Mémoire renferme des renseignements utiles; il est daté de 1839, conséquemment il a été écrit avant la publication des études de M. Surell, qui traitent le même sujet.

505. — Annales forestières. In-3, à Paris.

Les Annales forestières paraissent mensuellement depuis janvier 1842. Aujourd'hui la collection forme 13 volumes, dont 9 volumes (un pour chaque année écoulée depuis 1842 inclusivement) contiennent la revue des progrès sylvicoles, l'histoire du commerce des bois et une série d'articles sur les principes de la sylviculture et de l'économie forestière. Les 4 autres volumes renferment les arrêts et jugements rendus en matière d'eaux et forêts et de chasse pendant les années auxquelles ils se rapportent. — C'est encore aujourd'hui la seule Revue spéciale qui se publie en France, en vue des intérêts et des progrès de la sylviculture.

506. Le Moniteur des eaux et forêts, journal. Directeur, M. THOMAS. 1848, in-8, à Paris, chez Mme Bouchard-Huzard.

Ce journal forestier a paru mensuellement depuis janvier 1842, jusques et y compris décembre 1847, c'est-à-dire 6 ans. Puis il s'est fondu dans les Annales forestières.

507. — Rapport sur l'exploitation forestière du cercle de la Calle et renseignements divers sur quelques autres forêts de la province de Bone et de l'Algérie, par M. Kerris. 1842, in-8° de 32 pages, de l'imprimerie royale.

L'on peut consulter encore utilement, sur les forêts de l'Algérie, quelques rapports généraux du ministère de la guerre.

508. — Rapport sur le reboisement des montagnes, fait au conseil général de l'agriculture au nom de la commission des questions diverses par M. Soulange-Bodin, membre du conseil. 1842, in-8 de l'imprimerie de Bouchard-Huzard.

Extrait des Annales de l'agriculture française.

509. — De l'économie forestière; — des rapports de l'économie forestière avec l'économie générale de la France; — des conversions à opérer dans le sol forestier; — du défrichement et de la replantation des bois; — de l'aménagement des bois, par M. Frédéric Lullin de Chateauvieux.

Articles imprimés dans le premier volume des *Voyages agronomiques en France*, de l'auteur; ouvrage posthume publié par M. *Naville de Chateauvieux.* 1843, 2 vol. in-8°, à Paris, au bureau de la *Maison Rustique.*—Dans le tome second Lullin de Chateauvieux décrit les améliorations forestières dont les diverses régions de la France sont susceptibles.

510. — Des défrichements de forêts, de leurs effets physiques immédiats et de leur influence sur le régime économique des contrées où ils ont eu lieu, par M. Hippolyte Dussard. 1842, in-8° de 20 pages.

Extrait du journal des Économistes. 1842, tome 2°.— C'est un résumé des études de M. Surell sur les torrents.

511. — Etudes forestières considérées sous le rapport de l'amélioration des bois et des forêts en France, Fr. Philippar, directeur du jardin des plantes de Versailles et professeur de culture forestière à l'Institut royal de Grignon. 1843, in-8° avec 8 planches, à Paris, chez Mᵐᵉ Bouchard-Huzard.

Ces études forestières avaient déjà paru par fragments et sous le titre d'*Etudes sylvicoles, dans les Annales de l'agriculture française.*

512. — Calendrier forestier.

Imprimé dans les Annales forestières, 1843. Ce Calendrier forestier étant le plus étendu qui ait été publié jusqu'ici, nous avons cru devoir l'indiquer ici. Il a pour auteur M. *S. Séguret,* inspecteur principal des forêts du domaine privé du roi Louis-Philippe.

Ce calendrier est plus particulièrement appliqué aux travaux sylvicoles du centre de la France; aussi son auteur fait-il cette observation propre à servir de guide dans l'usage d'un calendrier forestier : « La température des saisons étant variable chaque année, et la France comprenant dans son étendue des climats très-divers, les enseignements donnés pour chaque mois ne peuvent être partout d'une exacte précision. On devra donc avancer ou retarder le moment indiqué pour l'exécution des semis, plantations et autres travaux forestiers, selon le climat où l'on se trouvera, et selon, surtout, que la saison y sera hâtive ou tardive.»—L'auteur en prépare une seconde édition.

513. — Quelques considérations sur les pins et sur les arbres forestiers en général, par M. Loiseleur-Deslongchamps. 1843, in-8°, à Paris.

514. — Commentaires du Code forestier et de l'ordonnance rendue pour son exécution, ou **Manuel** de droit forestier, contenant : la discussion de toutes les questions controversées; la jurisprudence de la Cour de cassation, du conseil d'Etat et des cours royales en matière forestière; avec les décisions, instructions et circulaires du ministère des finances et de l'administration forestière, et un grand nombre d'arrêts inédits, recueillis dans les greffes des différentes cours royales, par M. E. Meaume, avocat, professeur de législation et de jurisprudence à l'école forestière. 1843-46, 3 vol. in-8° de près de 2,500 pages.

La 1ʳᵉ livraison du premier volume a été publiée sous le titre de *Manuel du droit forestier,* ouvrage présentant en forme de commentaire la solution des difficultés soulevées par l'interprétation du Code forestier et de l'ordonnance rendue pour son exécution.

Cet ouvrage capital n'est pas un simple commentaire du Code forestier, c'est un traité complet de législation et de jurisprudence forestières. Par des notes au bas des pages, l'auteur a comblé les lacunes du Code, en rapportant les anciennes dispositions légales encore en vigueur, les usages locaux, la doctrine des auteurs et d'anciennes décisions administratives et judiciaires qui trouvent encore aujourd'hui leur application. Ces diverses additions en donnant une plus haute portée à son livre obligèrent l'auteur à en faire un abrégé pour ses élèves et pour les personnes qui n'ont besoin que de notions élémentaires du droit forestier. Cet abrégé a paru, en 1846, sous le titre de *Programme du cours élémentaire de législation et de jurisprudence forestières.*

Voyez n° 567, *Programme.*

515. — Réflexions sur la formation du bois dans les arbres dicotylédones et sur la circulation de la sève, par M. Loiseleur-Deslongchamps. — 1843, in-8° de 16 pages, à Paris, chez Mme Bouchard-Huzard.

516. — Notes economiques sur l'administration des richesses et la statistique agricole de la France, par C. E. ROYER, D. M. P., directeur du *Moniteur de la propriété*, ancien professeur d'économie rurale à l'Institut agronomique de Grignon. 1843, in-8° avec 18 tableaux in-folio, à Paris, au bureau du *Moniteur de la propriété*.

Ce livre résume assez bien la statistique de l'agriculture publiée par le ministre de l'agriculture en 4 vol. in-fol. (1840-42). Dans le chapitre qu'il a consacré aux bois et forêts, Royer critique assez durement le système d'impôts qui frappe le bois, et il en démontre l'absurdité par des chiffres irrécusables.

517. — De la propriété forestière en France et des moyens d'en arrêter le défrichement, par M. RAOUL DUVAL, conseiller à la cour royale d'Amiens. 1844, in-8° de 32 pages, à Paris, chez Guillaumin.

Extrait du *Journal des économistes* 1844 et des *Annales forestières*, même année. — L'auteur énumère dans son mémoire les diverses charges qui pèsent sur la production forestière, les entraves qu'elle rencontre par suite des défauts de protection douanière.

518. — Expériences sur la production des futaies crues en massif, et sur le volume réel des cordes de bois, recueillies et officiellement publiées par l'administration forestière du grand-duché de Baden. — 1re partie. Expériences faites pendant les années 1836 et 1837, traduit de l'allemand, par E. CHEVANDIER. 1844, in-8°, à Nancy, chez Grimblot, Raybois et comp.; à Paris, chez Bachelier.

La suite n'a point paru.

519. — Economie rurale considérée dans ses rapports avec la chimie, la physique et la météorologie, par J.-B. BOUSSINGAULT, membre de l'Institut. 1844, 2 vol. in-8°, à Paris, chez Béchet jeune. — 2e édition, revue et corrigée. 1851, 2 vol. in-8°, à Paris, chez le même.

Ce livre expose, plus complètement qu'on ne l'avait fait jusqu'à ce jour, l'influence des agents physiques sur la végétation. La 2e édition qui vient de paraître contient de notables additions et améliorations.

520. — Recherches sur l'influence de l'eau sur la végétation des forêts. Mémoire lu à l'Académie des sciences, le 15 juillet 1844, par M. Eugène CHEVANDIER. 1844, in-8° de 32 pages, de l'imprimerie de Beau, à Saint-Germain-en-Laye.

521. — Mémoires sur le développement des végétaux, par M. PAYEN, membre de l'Institut. 1844, in-4° avec plusieurs planches coloriées, à Paris, chez Victor Masson.

Les sept Mémoires contenus dans ce volume ont été lus à l'Académie des sciences dans les années 1834 et suiv., et ils ont été publiés dans les Mémoires présentés à l'Institut par les savants étrangers. — Un de ces Mémoires traite de la composition chimique des végétaux ; et le 7e contient un « *Résumé* avec application des principaux faits contenus dans les Mémoires précédents à l'organographie et aux arts agricoles et industriels. »

522. — Manuel pratique du boisement, par M. BONNATIER. 1844, in-12 de 72 pages, de l'imprimerie de Mme Pinet, à Villefranche.

523. — Recherches sur la composition élémentaire des différents bois, et sur le rendement annuel d'un hectare de forêts, par M. EUGÈNE CHEVANDIER. 1844, in-8° de 40 pages, de l'imprimerie de Bachelier, à Paris.

524. — Moyens de Conservation forestière, de reboisement pour la montagne, par M. DUBOR. — 1844, in-8° de 28 pages, de l'imprimerie de Douladoure, à Toulouse.

525. — De l'amélioration des bois taillis, par M. le baron D'HAUSSEZ. 1844, in-8° de 24 pages, de l'imprimerie de Péron, à Rouen.

526. — Observations sur le déboisement et l'urgence du reboisement en France, suivies de quelques souvenirs des hautes montagnes, par LERMIER, ancien élève de l'école polytechnique. 1844, in-8° de 40 pages, de l'imprimerie de Henri Faye, à Bordeaux.

527. — Promenade dans la forêt de Fontainebleau, par C.-F. DENECOURT. 1844, in-8° de 48 pages, avec 4 lithographies, à Fontainebleau, chez l'auteur.

528. — Nouveau guide forestier, ou Traité sur la culture et l'amélioration des bois et forêts en France et en Belgique, qui doit augmenter leurs produits d'un quart, avec annotations des lois, décrets, arrêtés et réglements relatifs à leur administration, par BRETON aîné, de Courrières (Pas-de-Calais). 1844, in-18 avec une pl., à Paris, chez Mathias.

Ce petit livre n'est pas un traité complet ni méthodique de l'art forestier ; c'est une espèce de dictionnaire, mais fort incomplet, du droit et de l'art forestiers.

529. — Chimie appliquée à la physiologie végétale et à l'agriculture, par JUSTUS LIEBIG, professeur à l'Université de Giessen, membre correspondant de l'Institut de France. Traduction faite sur les manuscrits de l'auteur, par CHARLES GERHARDT, professeur à la Faculté des sciences de Montpellier. — 2ᵉ édition, considérablement augmentée. 1844, in-8°, à Paris, chez Fortin, Masson et comp.

Contient les principes de la végétation et l'exposé des causes de l'altération des bois. — Cette édition étant un ouvrage tout nouveau et qui contient des rectifications de plusieurs erreurs contenues dans la première, inutile était de mentionner celle-ci.

530. — **Tables de cubage des bois,** suivant les divers modes usités en France, au volume réel, au quart de la circonférence, au sixième déduit et au cinquième déduit, par J.-J.-TH. LICHTLIN, sous-inspecteur des forêts, chef de service à Grenoble. 1844, in-12, à Grenoble, chez Ch. Vellot et comp.

531. — **Traité de topographie** et de géodésie forestières, comprenant la solution des difficultés que présentent les triangulations et les opérations de détails dans les forêts, les éléments de leur statistique, la manière de diviser et subdiviser les terrains boisés, la vérification des plans, etc., par E.-E. RÉGNEAULT, docteur ès-sciences, professeur de mathématiques à l'Ecole forestière. 1844, in-8°, avec 8 planches, à Nancy, chez J. Troup.

532. — **Notice sur l'exploration des forêts d'Ourek** (port de Batoum). 1845, in-8° de 16 pages, de l'impr. de Fain, à Paris.

Le Sundgiak de Batoum est situé dans la partie turque de Gouriel ; et le port de Batoum, à l'extrémité orientale de la côte sud de la mer Noire.

533. — **Réflexions sur le reboisement** et la nécessité de revenir à la culture du chêne, par PHELIPPE DE BEAULIEUX, avocat à Nantes. 1845. in-8° de 60 pages, de l'imprimerie de Mélinet, à Nantes.

534. — **Note générale sur le boisement.** 1845, in-4° de 16 pages, à Paris. chez Plon.

535. — **Des changements dans le climat** de la France ; histoire de ses révolutions météorologiques, par M. le docteur FUSTER. 1845, in-8°, à Paris, chez Capelle.

M. Fuster décrit, d'après les historiens les plus estimés, les anciennes forêts de la Gaule et de l'ancienne France, et s'efforce de démontrer que la destruction des immenses forêts qui couvraient le sol de notre pays en a modifié sensiblement la température ; il énumère, en outre, les avantages des bois et forêts, maintenus dans de justes bornes, pour la salubrité du climat et la force productive du sol.

536. — **Du défrichement des forêts** et du boisement des terres incultes,

par M. GONZALVE DE VILLEMOTTE. — 1845, in-8° de 16 pages, à Nancy, chez Mᵐᵉ Raybois.

537 et 538. — **Rapport sur le reboisement** des montagnes, fait à M. le ministre des finances, par M. le directeur général de l'Administration des forêts V. LEGRAND. 17 mai 1845, petit in-folio de 24 pages, impression lithographique.

Les *Annales forestières*, année 1845, ont reproduit ce rapport que son importance nous obligeait de mentionner ici. — Nous mentionnerons encore ici, comme un document à consulter :

Un autre rapport adressé à M. le ministre des finances sur le déboisement des bois de plaine par M. le directeur général de l'Administration des forêts, le 22 novembre 1845. Petit in-fol. de 32 pages, impression lithographique. — Ce rapport a été reproduit dans les *Annales forestières* (livraisons d'avril et de mai 1851).

539. — **Traité de chimie agricole** à la portée de tous les cultivateurs, par M. P. JOIGNEAUX, ancien élève de l'Ecole centrale des arts et manufactures. 1845, in-12, à Beaune.

540. — **De l'urgence du reboisement** en général, et particulièrement de celui des Alpes par des troupes, par M. ARNAUD. 1845, in-18 de 24 pages, de l'impr. de Lepage, à Nancy.

541. — **Observations sur les défrichements des forêts,** les inondations, la diminution des sources, les reboisements, et sur les modifications que réclame à cet égard la législation forestière, par M. D'ARBOIS DE JUBAINVILLE. 1845, in-8° de 32 pages, à Paris, chez Hingray ; à Nancy, chez Grimblot.

542. — **Mémoires sur le reboisement** et la conservation des bois et forêts de la France, par M. ALLUAUD aîné. 1845, in-8° de 108 pages, de l'imp. de Chapoulaud, à Limoges.

543. — **Introduction générale à l'étude de la législation** et de la jurisprudence forestières, ou Notions élémentaires de droit administratif appliqué aux matières forestières. Ouvrage publié d'après les manuscrits de M. TOCQUAINE, professeur de législation et de jurisprudence à l'Ecole forestière, par M. E. MEAUME, avocat, professeur de législation et de jurisprudence à l'Ecole forestière. 1845, in-8°, à Nancy.

544. — **Traité pratique de la culture** des arbres résineux conifères à grandes dimensions, que l'on peut cultiver en futaies dans les climats tempérés, par M. le marquis DE CHAMBRAY, maréchal de camp d'artillerie. 1845, grand in-8° avec 7 pl.

lithographiées, à Paris, chez Pillet aîné et chez Mme Bouchard-Huzard.

Cet ouvrage, l'un des plus étendus de ceux qui ont été publiés sur les arbres résineux, est composé de treize chapitres dont voici les sommaires : — Chap. ɪ, Considérations générales ; — chap. ɪɪ, Sapin argenté ; — chap. ɪɪɪ, Sapin épicéa ; — chap. ɪv, Pin sylvestre ;— chap. v, Pin maritime ; — chap. vɪ, Pin laricio ; — chap. vɪɪ, Pin du lord Weymouth ;— chap. vɪɪɪ, Mélèze d'Europe ; — chap. ɪx, Cèdre du Liban ; — chap. x, Renseignements sur douze autres espèces d'arbres résineux conifères ; — chap. xɪ, Pépinière et plantation à demeure ; — chap. xɪɪ, observations , faits et renseignements divers ; — le chap. xɪɪɪ contient un résumé, et dans l'ordre des chapitres, des diverses matières traitées dans l'ouvrage.

545. — Distribution géographique des arbres en Europe, avec une carte forestière de cette partie du monde, et un tableau des limites de végétation de chaque essence sur les principales montagnes, par G. GAND, inspecteur des forêts. (Sans date, 1845). In-8° de 32 pages et 2 cartes, à Paris, au bureau des *Annales forestières.*

546. — De la fécondation naturelle et artificielle des végétaux et de l'hybridation considérée dans ses rapports avec l'horticulture, l'agriculture et la sylviculture, ou Etudes sur les croisements des plantes des principaux genres cultivés dans les jardins d'ornements, fruitiers, maraîchers, sur les végétaux économiques et de grande culture, les arbres forestiers, etc., contenant les moyens pratiques d'opérer l'hybridation et de créer facilement des variétés nouvelles, par HENRI LECOQ, professeur des sciences naturelles de la ville de Clermont-Ferrand. 1845, in-12, à Paris, chez Audot.

547. — Manuel administratif et réglementaire du garde forestier, ou Instruction extraite des lois, ordonnances royales, décisions ministérielles et circulaires de l'administration , faisant connaître aux gardes leurs fonctions administratives et judiciaires, leurs devoirs et leurs droits, par M. E.-J. R., inspecteur des forêts, ancien élève de l'Ecole forestière. 1845, in-12, à Nantua.

Ce Manuel administratif a pour auteur M. *E.-Jacob Richemond*, inspecteur des forêts à Nautua.

548. — Instruction pour la destruction du hanneton et du ver bouvier, publiée par ordre du gouvernement de Zurich, par M. OSWALD HÉER, traduit de l'allemand par MAURICE BLOCK. 1845, in-8° de 32 pages, à Paris, au bureau des *Annales forestières.*

549. — Du déboisement des montagnes, par M. BLANQUI, membre de l'Institut et de la commission instituée par ordonnance royale de décembre 1845. Rapport lu à l'Académie des sciences morales et politiques de l'Institut de France , dans les séances des 23 novembre, 9 et 23 décembre 1843. 1846, in-18, à Paris, chez Renard.

550. — Société des conférences forestières. — Question du déboisement et du reboisement des montagnes. Session de 1846. 1846, in-8° de 52 pages, à Paris, au bureau des *Annales forestières.*

La première partie de ce Mémoire est de M. *S. Séguret,* inspecteur du domaine privé, et la seconde de M. *Legros Saint-Ange,* inspecteur des forêts de la couronne.

551. — Manuel de droit rural et d'économie agricole, présentant sur chaque matière : 1° un aperçu historique ; 2° l'exposé de la législation ; 3° l'état de la jurisprudence ; 4° les principales vues économiques ; 5° la statistique ; 6° une indication des réformes tant juridiques qu'économiques ; 7° un formulaire des actes les plus usuels, par P.-JACQUES DE VALSERRES, avocat à la Cour royale de Paris, publié sous les auspices de M. Macarel, conseiller d'Etat. 1846-47, 2 vol. in-8°, à Paris, chez Gustave Thorel.

Le chapitre x est consacré tout entier aux forêts, et le 2ᵉ volume ou appendice contient un extrait du Code forestier.

552. — Routes forestières ; Des dimensions des routes forestières , de leurs profils, de leur pente, de leur empierrement, de leur fréquentation et de leur entretien, par M. PAUL LAURENT, professeur de constructions à l'Ecole forestière de Nancy. 1846, in-8°, à Nancy, chez Grimblot ; chez Mme Raybois.

Cet ouvrage semble être le complément du Précis du cours de construction, de l'auteur. Voyez : n° 484. — Précis...

553. — Manuel du planteur ; Du reboisement, de sa nécessité et des méthodes pour l'opérer avec fruit et avec économie, par M. H. DE BAZELAIRE. 1846, in-12, à Nancy, chez Wagner.

554. — Manuel de l'adjudicataire et du garde-vente des coupes dans les bois de l'État, des communes et des établissements publics, contenant : 1° le texte du cahier des charges, accompagné d'annotations résumant la jurisprudence de la Cour de cassation et des cours royales sur toutes les questions controversées ; 2° une instruction spéciale sur les droits et les devoirs des garde-ventes ; 3° des formules de procès-verbaux , par M. MEAUME, avocat, professeur de législation et de jurisprudence à l'Ecole forestière. 1846, in-8° de 48 pages, à Nancy, chez Mme Raybois ; à Paris, rue Servandoni, 17.

555. — **Observations sur l'inflorescence du tilleul,** par M. CHARLES BRUNET. 1846, in-8° de 8 pages, à Genève.

556. — **Recherches sur la végétation** appliquée à l'agriculture, par M. BOUCHARDAT, pharmacien en chef à Chamerot.

Ce volume renferme un Mémoire sur la théorie des boutures.

557. — **Eclaircies ou nettoiement des jeunes taillis** à l'effet d'en hâter la croissance ou de les préparer à former des gaulis ou futaies, par A. DE F., agent forestier. 1846, in-8° de 24 pages, de l'imprim. de Kléfer, à Versailles.

558. — **De la culture des arbres** et du reboisement dans les montagnes arides de la France; — Essai sur la culture du pin maritime dans le Languedoc, par M. A. MAHUL, membre du conseil général de l'Aude, ancien député de ce département.

Imprimés dans l'ouvrage du même auteur, intitulé : *Considérations sur l'économie et la pratique de l'agriculture.* 1846, in-8°, à Paris, chez Mme Bouchard-Huzard.

559. — **Considérations sur les boutures** des arbres forestiers ou sur le parti qu'on pourrait en tirer pour le reboisement, accompagnées de réflexions sur l'état présent des forêts existantes sur le sol de la France, lues dans les séances de la Société royale et centrale d'agriculture des 20 mai et 5 juillet 1845, par M. LOISELEUR-DESLONGCHAMPS, D. M., membre de l'Académie de médecine. 1846, in-8° de 68 pages, de l'imp. de Mme Bouchard-Huzard.

560. — **Richesse minérale et forestière** en Algérie, par P. LEPELLETIER, ingénieur civil. 1846, in-8° de 32 pages, à Paris, chez Mathias.

561. — **Du reboisement de la France,** ou Essai sur les moyens à mettre en usage pour l'enrichir de 5,389,104 hectares de bois et forêts, par CH. JOUBERT, cultivateur-agronome. 1846, in-8 de 92 pages, à Paris, chez Cousin.

562. — **Géodésie des forêts.** Ouvrage tout spécial, par V. HENNON. 1846, in-8° avec 6 pl. de l'imprimerie de Faye, à Nevers.

Reproduit en 1851, avec des titres au nom de Mme L. Bouchard-Huzard.

563. — **Du reboisement des montagnes** en France, par L. GRANDVAUX. 1846, in-8° de 56 pages, de l'imprim. de Foix, à Auch.

564. — **Des eaux relativement à l'agriculture.** — Traité pratique des moyens de remédier aux dommages causés par les eaux, des divers procédés d'irrigation et de limonage et de l'établissement des réservoirs et étangs, avec 84 figures, par A. R. POLONCEAU, inspecteur divisionnaire des ponts-et-chaussées, en retraite; l'un des fondateurs de l'institution agronomique de Grignon, membre associé de la société royale et centrale d'agriculture. 1846, in-12 avec 4 pl., à Paris, chez L. Mathias (Augustin).

Dans ce volume, il est spécialement traité de l'assainissement des sols, de l'irrigation des bois et des terrains à reboiser.

565. — **Mémoire sur la nécessité de reboiser** les sommets et les pentes rapides des montagnes des Vosges, par M. GRAVIER. 1846, in-8° de 16 pages, de l'imprimerie de Thiriet, à Remiremont.

566. — **Documents statistiques** sur l'emploi des bois dans la Meuse, par COTHERET, conservateur des forêts. 1846, in-8° de 108 pages, à Bar-le-Duc, chez Laguerre; à Paris, chez Roret.

567. — **Programme du cours élémentaire** de législation et de jurisprudence, professé à l'école royale forestière, par M. E. MEAUME, avocat, professeur de législation et de jurisprudence à l'école forestière. 1846, in-8°, à Nancy, chez Mme Raybois; à Paris, rue Servandoni, 17.

Le but de ce programme est de faciliter l'étude du Code forestier dont l'ordre n'est nullement didactique...... Le *Programme du cours élémentaire* a donc pour objet, dit l'auteur dans sa préface, d'approprier à l'enseignement le *Commentaire sur le Code forestier*, par le même auteur, et d'en restreindre l'étude aux dispositions dont la connaissance est indispensable aux agents forestiers.... On doit faire observer en terminant que le *Programme* n'est pas seulement un résumé du *Commentaire*; il en est aussi le complément, en ce qu'il donne des notions élémentaires sur les principes généraux du droit civil, du droit criminel et de la procédure correctionnelle qui sont applicables au droit forestier.

568. — **Recherches sur les mœurs** et les ravages de quelques insectes xiphophages dans les arbres forestiers et fruitiers, par EUGÈNE ROBERT. 1846, in-8°, avec figures coloriées, à Paris, chez Mme Bouchard-Huzard.

569. — **Éléments de chimie agricole** et de géologie, par M. JAMES F. W. JOHNSTON, trad. de l'anglais par M. F. EXSCHAW, ancien élève de Grand-Jouan, et revus par M. S. RIEFFEL, directeur de cet établissement. 1846, in-12, à Paris, chez Mme Bouchard-Huzard. — 2me édit. 1849, in-12, fig., à Paris, chez la même libraire.

570. — **Cours élémentaire** théorique et pratique d'arboriculture, contenant l'étude des pépinières d'arbres et d'arbrisseaux forestiers, fruitiers, etc., par M. DUBREUIL, professeur d'agriculture à l'école d'agriculture et d'économie rurale de la Seine-Inférieure. 1846, in-12 avec fig. dans le texte, à Paris, chez Langlois et Leclercq, et chez Victor Masson. — 2me édition, 1850-1851, in-12 en 2 parties, avec fig. dans le texte, chez les mêmes libraires.

571. — Notes sur la culture des bois dans le département des Ardennes, par A. BOUVART, membre de la société d'agriculture du dépt. 1846. in-8° de 176 pages, de l'imprimerie de Lelaurin-Martinet, à Mezières.

572. — Projets de routes et chemins étudiés et tracés dans les forêts domaniales du Haut-Poirot, Delyris et de Rougemont, par MM. les élèves de la première division de l'école forestière. 1846, in-8°, avec un tableau, de l'imprimerie de Grimblot, à Nancy.

573. — Leçons de chimie agricole professées en 1847 par F. MALAGUTI, professeur de chimie à la Faculté des sciences de Rennes. 1848, in-12, à Rennes, chez Verdier; à Paris, chez Allouard et Kappelin.

Contient l'exposé des principes de la végétation, un chapitre sur les arbres forestiers, une analyse de la constitution du sol cultivable, etc.

574. — Cours de zoologie forestière, comprenant l'histoire et la description de tous les mammifères, oiseaux, reptiles et poissons d'eau douce indigènes et l'entomologie, ou traité des insectes forestiers, par M. AUGUSTE MATHIEU, professeur d'histoire naturelle à l'école forestière de Nancy. 1847, 2 vol. in-8°, à Nancy, chez Grimblot et veuve Raybois.

575. — De la formation des torrents dans les Hautes-Alpes, et des modifications que les végétaux, et spécialement les arbres, apportent à l'action de l'eau sur le sol, par M. LORTET.

Imprimé dans les *Annales forestières*, 1847.

576. — Aphorismes de physiologie végétale dans leur application pratique, traduit de l'allemand de PFEILL.

Imprimés dans les *Annales forestières*, années 1847 et 1848.

577. — Quelques considérations sur les excès du déboisement, et sur le projet de reboisement, reproduites en vue de la modification que doit subir la loi forestière, dans la session législative de 1847 (signé HUMBERT). 1847, in-8° de 24 pages, de l'imp. de Wagner, à Nancy.

578. — Création de la ferme et des bois de Bruté, sur un terrain de landes, à Belle-Isle-en-Mer (Morbihan); récapitulation de travaux de défrichements, plantation et culture, ainsi que sur diverses études d'économie rurale, pendant 38 années, de 1807 à 1845, par TROCHU, propriétaire-agriculteur. 1847, in-8° avec atlas in-4°, à Paris, chez Mme Bouchard-Huzard.

579. — Tarifs d'après le système métrique décimal, pour cuber les bois carrés et en grumes ou ronds, et tous les corps solides quelconques, ainsi que les colis ou ballots, caisses, etc.; précédés: 1° d'une instruction sur la manière de mesurer et de cuber ensuite ces bois, etc., soit à la plume, soit avec lesdits tarifs; — 2° des tables pour convertir les pieds, pouces et lignes, ainsi que les toises, en mètres et parties décimales du mètre, et les pieds, pouces et lignes cubes, ainsi que les cordes de bois, en stères et parties décimales du stère; — 3° d'une table pour servir à déterminer les circonférences ou pourtours des bois en grumes ou ronds et autres corps cylindriques quelconques, par les diamètres connus, et réciproquement les diamètres de ces bois, etc., par les circonférences ou pourtours également connus, afin de faciliter les moyens de cuber lesdits bois, etc., soit à la plume, soit avec lesdits tarifs; à l'usage des propriétaires et des marchands de bois; ouvrage utile en général aux agents forestiers, etc., par RAPHAEL-JACQUES NOURY, ancien administrateur forestier de la marine. 2me édition. 1847, in-8°, à Paris, chez Bachelier.

La traduction en mesures décimales de la 1re édition de ces tarifs (publiés pour la première fois en 1808) en faisant un ouvrage tout-à-fait nouveau, principalement en ce qui concerne les bois en grumes ou ronds, etc., nous l'indiquons à la date de 1847.

580. — Du déboisement et du reboisement, par M. A. DUFOURNEL, député de la Haute-Saône. — Mémoire envoyé, le 28 avril 1842, à la société royale d'émulation et d'agriculture de l'Ain, en réponse à la question suivante proposée en concours : — « Indiquer des moyens simples d'une exécution facile, pris dans la législation actuelle ou dans une législation nouvelle, pour arriver à la plantation en bois des rampes de montagnes, soit que ces terrains appartiennent à des communes, soit qu'ils appartiennent à des particuliers. » 1847, in-8° de 200 pages, à Paris, chez Carilian-Gœury et Victor Dalmont.

581. — Des droits d'usage dans les forêts, de l'administration des bois communaux et de l'affouage, par E. MEAUME, avocat, professeur de législation et de jurisprudence à l'école forestière. 1847, 2 vol.

in-8°, à Paris, chez Cosse et N. Delamotte. Extrait du Commentaire sur le Code forestier du même auteur.

582. — **Note sur les débordements** des fleuves et des rivières, par A.-R. Polonceau, inspecteur divisionnaire des ponts-et-chaussées, en retraite, l'un des fondateurs de l'institut agronomique de Grignon. 1847, in-8° de 80 pages et 1 pl., à Paris, chez Mathias.

En exposant dans cet écrit les diverses causes des débordements des fleuves et rivières, M. Polonceau fait sur le boisement des montagnes quelques observations qui rattachent son écrit à ceux publiés sur cette importante question.

583. — **Notice sur l'importance des produits résineux** que l'on peut retirer des pins maritimes de la Sarthe, d'après les expériences faites à ce sujet, depuis sept années. Signé Ad. Demandre. 1847, in-8° de 16 pages, de l'imprim. de Julien, au Mans.

584. — **Traité de la culture du noyer** dans les départements du centre, par Huard-Duplessis, cultivateur. 1847, in-8°, à Paris, chez Mme Bouchard-Huzard.

585. — **Du droit d'usage dans les forêts**, de l'administration des bois communaux et de l'affouage, par Bories et Bonassie. 1847, 2 vol. in-8°, à Auch.

586. — **Cours de stéréométrie** appliquée spécialement au cubage des bois; suivi de tables pour abréger les calculs, par E. E. Régneault, inspecteur des forêts. 1848, in-8° avec 5 planches, à Nancy, chez Mme Raybois et Grimblot.

587. — **Plans d'aliénation des forêts de l'État**, par Nouton, ancien conseiller d'État. 1848, in-8° de 16 pages, à Paris, chez Guillaumin.

588. — **Notice sur l'essartage**, par M. Lépine, avoué. 1848, in-8° de 68 pages, de l'imprim. de Huart, à Charleville.

589. — **Pétition** présentée à l'Assemblée nationale pour obtenir la révision du Code forestier, en ce qui concerne les droits et jouissances dans les forêts, la modification de la pénalité, ainsi que l'abrogation de quelques abus de l'administration forestière, par Gustave Goldemberg. 1848, in-8° de 40 pages, de l'imprim. de Silbermann, à Strasbourg.

590. — **Le défrichement et le reboisement**, par M. Aristide Dumont, ingénieur des ponts-et-chaussées.

Imprimé dans l'ouvrage du même auteur, intitulé : Des travaux publics dans leurs rapports avec l'agriculture. 1848, in-8°, à Paris, chez Guillaumin.

591. — **Mémoire sur les propriétés mécaniques des bois**, par MM. E. Chevandier et G. Wertheims. 1848, in-8° de 144 pages avec 2 pl., à Paris, chez Bachelier.

592. — **Du pin maritime**, de sa culture dans les dunes, de la pratique du résinage et de l'industrie des résines, avec deux planches et un tableau ; — suivi d'une notice sur la culture des dunes de Cap-Breton, avec une planche, et d'une notice sur la flore des marais du département des Landes, par A. Boitel. 1848, in-8° de 92 pages et 2 pl., à Paris, chez Mme Huzard.

393. — **Des scieries de l'Administration forestière** ; des réservoirs d'alimentation dans les forêts de l'État, et de leurs avantages relativement à la marche constante des scieries, à l'organisation et à la réorganisation du flottage, à l'irrigation des prairies inférieures et à l'alimentation des usines, par M. Paul Laurent, inspecteur des forêts et professeur de constructions à l'école forestière. 1848, in-8° de 16 pages, à Nancy, chez Grimblot et Vve Raybois.

594. — **Des habitants des montagnes** considérés dans leurs rapports avec le régime forestier, par J.-P.-A. Fabre, docteur en médecine, ancien maire de Meironnes (Basses-Alpes). 1849, in-8° de 60 pages, à Marseille, chez Senès, et à la librairie des Hautes et Basses-Alpes.

C'est un plaidoyer en faveur de la dépaissance sur les montagnes, et contre le reboisement des montagnes pastorales. Ce mémoire renferme des renseignements utiles pour les économistes et les hommes d'État qui se préoccupent du boisement des montagnes.

595. — **Précis élémentaire de physiologie agricole**, par M. Ch. Girou de Buzareingues, correspondant de l'institut, de la société nationale et centrale d'agriculture. 1849, in-8°, à Paris, chez Mme Bouchard-Huzard.

596. — **Observations et Remarques** : 1° sur le besoin de la conservation des pleins bois, et l'amélioration des terrains boisés dans les Basses-Alpes; 2° la nécessité de la tenue des troupeaux lanifères, avec parcours et introductions; et 3° sur l'utilité de la réintégration réelle des communes dans la possession de leurs biens usurpés, par Paulon, père, de Valonne (Basses-Alpes), expert du cadastre, ancien percepteur.

Imprimées dans le nouvel annuaire du département des Basses-Alpes. 1849, in-12, à Digne, chez Repos, imprimeur-libraire.

597. — **Reboisement des terrains en pente**, Mémoire de M. Pujade, doc-

teur-médecin à Amélie-les-Bains. 1849, in-4º de 4 pages, de l'imprim. de Mlle Tastu, à Perpignan.

598. — Du produit du sol forestier et de sa comparaison avec les autres biens-fonds, par PAUL LAURENT, inspecteur des forêts. 1849, in-8º de 180 pages, à Nancy, chez l'auteur. — 2me partie. De la conversion des taillis composés en futaies pleines ; de l'exécution des voies de transports de bois, et du repeuplement sur les terrains nationaux incultes. 1850, in-8º de 188 pages, à Nancy, chez l'auteur.

599. — Note sur un projet d'aliénation des forêts de l'Etat. 1849, in-8º de 16 pages, de l'imprimerie de Chaix, à Paris.

600. — De l'organisation de l'administration forestière, par DE BUFFÉVENT. 1849, in-8º de 44 pages et un tableau, de l'imprimerie de Bonnet, à Alençon.

601. — Traité sur la plantation en général et sur le boisement des mauvaises terres, dans le département de la Somme, par DANZEL. 1849, in-8º de 56 pages, de l'imprimerie de Duval, à Amiens.

602. — Guide du géomètre pour les opérations d'arpentage et le rapport des plans, suivi d'un traité de topographie et de nivellement ; ouvrage particulièrement utile aux agents forestiers chargés de ces opérations, etc., etc., contenant toutes les méthodes pratiques propres à faciliter l'application, sur le terrain et au cabinet, des principes théoriques constituant l'art de l'arpenteur ; par GOULARD-HENRIONNET, ex-géomètre du cadastre, attaché à l'administration centrale des forêts pour la vérification des plans d'aménagement. 1849, in-8º avec atlas, aussi in-8, de 14 planches, dont 2 coloriées, à Paris, au Bureau des *Annales forestières*.

603. — Jurisprudence générale. — Répertoire méthodique et alphabétique de législation, de doctrine et de jurisprudence en matière de droit civil, commercial, criminel, administratif, etc. Nouvelle édition, par M. D. DALLOZ aîné, avec la collaboration de M. ARMAND DALLOZ, son frère, et celle de plusieurs jurisconsultes. Tome 25e. *Bois et forêts*. 1849, in-4º, à Paris, au Bureau de la Jurisprudence générale.

Ce volume auquel a collaboré M. *Meaume*, de l'école forestière, se vend séparément. Il contient l'historique de la législation forestière et les lois, édits, règlements, ordonnances, arrêts, etc., rendus sur les forêts, et la doctrine des auteurs.

604. — Histoire des grandes forêts de la Gaule et de l'ancienne France, précédée de recherches sur l'histoire des fo-

rêts de l'Angleterre, de l'Allemagne et de l'Italie, et de considérations sur le caractère des forêts des diverses parties du globe, par M. L.-F.-ALFRED MAURY, avocat à la Cour d'appel de Paris, sous-bibliothécaire de l'Institut de France. 1850, in-8º de 328 pages, à Paris, chez Leleux.

Ce livre n'est pas tout-à-fait, comme le dit son titre, une histoire des grandes forêts, mais une énumération, une mention seulement. L'on comprendra, du reste, qu'en 328 pages, et une justification ordinaire et imprimées en caractère assez gros, il est impossible de donner l'histoire, la description et la statistique de toutes les forêts qui ont couvert le globe. Ce n'est guère qu'un *Essai descriptif des forêts*, comme celui donné par M. Noirot en 1832.

605. — Recherches historiques sur les anciennes institutions administratives, municipales et judiciaires de la France, et sur les bois de chauffage, à Paris, depuis les derniers temps du moyen âge jusqu'au commencement du XVIIIe siècle, par M. ALFRED GERBAUT, juge de paix à Lunéville. 1850, in-8º de 218 pages, à Paris, chez Cosse.

606. — De la question forestière dans l'Ariége, par M. LATOUR de SAINT-YBAR. 1850, in-8º de 32 pages, de l'imprimerie de Bonnal. à Toulouse.

607. — Pétition sur la réforme forestière présentée à l'Assemblée législative, par LAMBERTERIE, avocat à Brives. 1850, in-4º de 8 pages, de l'imprimerie de Laubignac, à Tulle.

608. — Culture des bois dans le royaume Lombard-Vénitien, d'après les nouveaux éléments d'agriculture de FILIPPO RE, professeur à l'Université de Bologne, traduit de l'italien par M. PHILIPPE DE BEAULIEUX. 1850, in-8º de 24 pages, de l'imprimerie de Crapelet, à Paris.

609. — De l'administration forestière antérieurement au Xe siècle, par F. BERNARD DE SAINTE-MARIE. 1850, in-8º de 16 pages, à Paris, au bureau des *Annales forestières*.

Extrait des *Annales forestières*.

610. — Reboisement des montagnes. Reboisement : difficultés ; causes des inondations et moyens de les prévenir, par M. Z. JOUYNE, ancien avoué, membre de la Société centrale d'agriculture des Basses-Alpes. 1850, in-8º de 184 pages, à Digne, chez Repos, imprimeur-libraire.

Plaidoyer en faveur de la dépaissance sur les montagnes.

611. — De la vente des bois de l'État, par J.-B. THOMAS, bûcheron de la

Nievre. 1850, in-8° de 24 pages, de l'imprimerie de Guyot, à Paris.

612. — **Manuel populaire d'agriculture** pratique contenant des traités d'agronomie, d'agriculture proprement dite, d'arboriculture, d'agriculture forestière, etc., etc., par M. ÉMILE JACQUEMIN, ancien cultivateur, rédacteur en chef du *Moniteur de la Propriété*. 1851, in-16 à deux colonnes avec un grand nombre de figures dans le texte, à Paris, à la librairie étrangère, rue de Varennes, 44, et au bureau du *Moniteur de la Propriété*.

613. — **Mémoire sur les plantations des routes**, chemins vicinaux et des chemins de hallage des canaux, par M. ISIDORE ANGER DE LA LORIAIS. In-8° de 68 pages, de l'imprimerie de Bouchet, à Parthenay.

614. — **Arboriculture et défrichement**, 1810-1840, par PH. DE BEAULIEUX. In-8° de 36 pages, de l'imprimerie de Crapelet, à Paris.

615. — **Assemblée nationale législative**. — Rapport fait au nom de la commission chargée de reviser le Code forestier, sur les dispositions transitoires de ce code relatives au défrichement des bois des particuliers, et sur la proposition de M. Dufournel qui s'y rapporte, par M. BEUGNOT, représentant du peuple. Séance du 15 février 1851. In-8° de 88 pages et 2 tableaux, de l'imprimerie de l'Assemblée nationale.

616. — **Du projet de loi sur les défrichements**, présenté par la commission chargée de reviser le Code forestier, par M. DE METZ-NOBLET, avocat à la Cour d'appel de Nancy. In-8° de 36 pages à Nancy, au bureau de l'*Espérance*.

617. — **Assemblée législative**. — Rapport fait au nom de la commission spéciale chargée d'examiner les diverses propositions concernant la révision du Code forestier, par M. DE FAULTRIER, représentant du peuple. — Séance du 3 avril 1851. In-8° de 168 pages, de l'imprimerie de l'Assemblée nationale.

618. — **Le planteur**, ouvrage utile à tous ceux qui possèdent quelques biens-fonds ou qui cultivent, par F. LERS. 1851, in-8° de 32 pages, de l'imprim. de Clauzet, à Orange.

619. — **Aperçus théoriques et pratiques sur l'élagage**, à propos des plantations des routes. — Analyse des divers systèmes d'élagage; examen des méthodes de taille à pratiquer sur les arbres plantés le long des routes, canaux et chemins de fer; et considérations d'économie sociale sur ces plantations, par P.-J. MOREAU, ingénieur-agronome. 1851, in-12, à Bruxelles, chez Decq.

620. — **Traité de droit rural appliqué**, du guide théorique et pratique des propriétaires, fermiers, etc., présentant le dernier état de la législation, de la doctrine et de la jurisprudence sur les droits et les obligations des propriétaires de fonds ruraux, l'exploitation et le louage de ces fonds, les chemins et les cours d'eau, les produits agricoles, la garantie en matière de vente d'animaux domestiques, les attributions du juge de paix, la police rurale, etc., par AUGUSTE BOURGUIGNAT, avocat au Conseil d'Etat et à la Cour de Cassation. 1852, in-8°, à Paris, chez Mme Bouchard-Huzard.

Dans la troisième partie de ce Traité, l'on trouve exposées les dispositions législatives et réglementaires concernant les produits des bois et forêts; le régime forestier; les bois des particuliers; le défrichement des bois; les droits d'usage forestiers; la police et la conservation des bois et forêts, etc.

ADDITIONS.

499 *bis*. — **Théorie de l'horticulture**, ou Essais descriptifs, selon les principes de la physiologie, sur les principales opérations horticoles, par JOHN LINDLEY, PH. D. F. R. S., vice-président de la société d'horticulture de Londres, et professeur de botanique au collège de l'Université. 1841, in-8°, avec 3 pl. et figures dans le texte, à Paris, chez H. Cousin.

Dans cet ouvrage, traduit de l'anglais par M. Charles Lemaire, tous les phénomènes de la végétation des arbres et les opérations culturales se trouvent décrits.

516 *bis*. — **Histoire du flottage en trains**. Jean Rouvet et les principaux flotteurs, anciens et modernes, par FRÉDÉRIC MOREAU, syndic du commerce des bois à œuvrer de Paris. 1843, grand in-8°, avec 5 lithographies, à Paris, chez Dauvin.

Ce volume est divisé en quatre parties : la première partie reproduit littéralement ce qui a été rapporté sur Jean Rouvet; la seconde traite de l'origine du flottage; la troisième contient la biographie de Jean Rouvet et celle des principaux flotteurs anciens et modernes; la quatrième partie renferme toutes les preuves et pièces à l'appui.

531 *bis*. — **Physiologie de la terre :** Etudes géologiques et agricoles, par M. le marquis de TRAVANET, agriculteur pratique, ex-président du comice agricole de Bourges. 1844, in-8°, à Bourges, chez Just Bernard; à Paris, chez madame Bouchard Huzard.

TABLE ALPHABÉTIQUE DES AUTEURS.

(Les chiffres renvoient aux numéros de leurs ouvrages.)

Saint-Brice (Philippe de), 302.
Saint-Félix (A.-J.-M.), 497.
Saint-Léger (de), 496.
Saint-Morys (Etienne Bourgelin Vialart, de), 254.
Saintourens (J.-B.), 301.
Sainct-Yon, 16.
Salnove ou Salnoue (Roger), 25.
Salomon (de), 448.
Schattenmann (Ch.-Henri), 282.
Secondat, 77.
Secondat de Montesquieu (J.-B.), 113.
Ségaud, voy. Galon.
Séguret (S.), 512, 550.
Sénebier (Jean), 133, 184.
Sepp (S.), 93.
Sept-Fontaines, 133.
Séringe (N.-C.), 277.
Serres (Olivier de), 13.
Serres (Hect.), 449.
Sessevalle (de), 99.
Simon, voy. Galon.
Sirey (J.-B.), 388.
Soulange-Bodin, 349, 423, 437, 495, 508.

T.

Tasse (Cyrille de la), 473.
Tassin, 200.
Tatin (A.), 256.
Tellès d'Acosta, 100, 125, 132.
Terrier de Cléron (J.), 60.
Tessier (l'abbé H.-A.), 139, 166.
Thiébaut de Berneaud (Arsène), 255, 257.
Thierrrat, 58.
Thouin, 330, 375.
Thomas (Jean-Basile), 485, 506, 611.
Thoury (A.-C.-C. de), 440.
Tocquaine, 543.
Tollard aîné (C.), 462.
Tourney (E), 387, 412.
Travanet (le marquis de), 531 bis.
Trochu, 578.
Tschudy (le baron), 83, 97.
Tschudy, 300.
Turbilly (Louis-François-Henri de Menon, marquis de), 66, 67.
Turgot, 116.

V.

Valette (J.-S.-B.-Ph.), 386.
Valserres (P.-Jacques de), 551.
Van Recum (A.), 236.
Varenne de Fenille, 140, 151.
Varenne de Fenille (J.-C.-B.), 261.
Vautrin, 281.
Ventenat (Et.-P.), 207.
Vergnaud (A.-D.), 308.
Vergnaud-Romagnesi (C.-F.), 341.
Verneilh-Puiraseau (Joseph de), 273.
Vétillart (Marcellin), 439.
Vieillard, 59.
Vilmorin, 311.
Villemotte (Gonzalve de), 536.
Vinet (Elie), 14.
Wertheims (G.), 591.

Y.

Yong, 109.

FAUTES A CORRIGER.

Préface, paragraphe n° 4, *au lieu de :* Nous ferons encore cette observation que tous les anciens ouvrages modernes et quelques ouvrages d'agriculture... *lisez :* Nous ferons encore cette observation que tous les anciens ouvrages et quelques ouvrages *nouveaux* d'agriculture...

39. — Ajoutez à la fin de l'article : à Paris, chez Brunet.

222. — *Lises :* 2me édition, 1805, in-8 ou in-12, à Paris, chez Levrault, Schoell et Cie.

442. — *Lisez :* 1836, in-18, à Paris, chez Alex. Goblet,— 2e édition, 1844, in-18, chez le même.

461. — *Au lieu de :* P.-R. GAP, *lisez :* P.-A. CAP.

477. — *Au lieu de :* à Paris, chez Mme Bouchard-Huzard, *lisez :* de l'imprimerie de Proux, à Paris

9 782012 638099